FOTO-KINO-OPTIK
Mein ganz persönliches Foto im Leipzig-Album
pelze

www.facebook.com/Leipzigalbum

Clemens Haug | Armin Kühne (Hrsg.)

LEIPZIG-ALBUM

Eine Stadt erinnert sich

HINSTORFF LEIPZIGER VOLKSZEITUNG

Inhalt

▲ 1977 wurden die neuen Büchertürme der Deutschen Bücherei errichtet. Im Hintergrund sehen wir die Russische Kirche. Vielen Dank an Familie Bergmann für das Foto.

Zur Entstehung

Siebzig Jahre Leipziger Stadtgeschichte, ganz aus privater Sicht – darum ging und geht es beim »Leipzig-Album«, das Leipziger Volkszeitung und Hinstorff Verlag im Januar 2016 begonnen haben. Sie, die Leser, waren aufgefordert, persönliche Erinnerungsfotos, Eintrittskarten, Plakate und andere bildliche Andenken einzusenden. Die Resonanz war großartig. Ganze Sammlungen alter Fotos, Dias und Postkarten haben Sie uns zur Verfügung gestellt. Mit Hilfe dieser Bilder sind wir gemeinsam in die Vergangenheit der Messestadt gereist und haben erkundet, welche Momente im Gedächtnis der Stadt noch lebendig geblieben sind, an welche Orte, Plätze, Lokale und Ereignisse die Leipziger gerne zurückdenken.

Auf unserer Facebook-Seite haben wir die Aufnahmen präsentiert und zum Austausch darüber eingeladen. Rasch entwickelte sich eine treue Leser-Gemeinde, die uns von Erlebnissen erzählte oder uns mit ihrem umfangreichen Wissen über Details der Leipziger Geschichte half, schwierige Fragen zu klären. Eine Vielzahl der Anekdoten, Hinweise und Ratschläge sind in dieses Buch eingegangen.

Durch die zahlreichen Beiträge sind vor allem Ereignisse und Begebenheiten in den Vordergrund gerückt, die sich in das kollektive Gedächtnis der Leipziger eingegraben haben. Dazu gehören etwa Einkäufe im Konsument-Warenhaus am Brühl, wo viele Leser zum ersten Mal in ihrem Leben Rolltreppe gefahren sind und das mit seiner von Harry Müller gestalteten Aluminium-Fassade zur Ikone im Stadtbild geworden ist. Auch die Sportfeste im 1956 eingeweihten Zentralstadion haben viele nicht vergessen; war man doch selbst auf der Ost-Tribüne dabei, um bei den großen Choreografien mitzumachen.

Daneben sind es Fahrten mit alten Straßenbahnen, Ausflüge an Badeseen, die es heute nicht mehr gibt, oder der Einzug in einer Neubauwohnung in Siedlungen wie Lößnig, Grünau oder Paunsdorf gewesen, die das Leben in Leipzig geprägt haben. Auch Schattenseiten wie die Beseitigung wichtiger historischer Bauten durch die SED, etwa die Paulinerkirche, der Johanniskirchturm oder das zweite Gewandhaus, wurden erzählt, besprochen und kommentiert.

Herausgekommen ist dieses Buch, das mosaikartig von den Wandlungen der schönen Stadt berichtet und dabei Motive zeigt, die viele so noch nicht gesehen haben. Viel Spaß beim Blättern, Stöbern und Lesen!

Thomas Rabe
Interessant, was man hier so alles entdeckt. Dass die Alte Waage im Krieg zerstört wurde und das jetzige Gebäude ein historischer Nachbau ist, war mir vollkommen neu.

161

▲ Blick auf den Markt, 1960, aufgenommen vom Messehof in der Petersstraße. Was fällt euch auf, wenn ihr dieses Dia von Johannes Schulze anseht?

Das Herz der Messestadt

Ein Einkauf in der Innenstadt, eine Tour durch die vielen kleinen Geschäfte und großen Kaufhäuser, ein Gang durch die Passagen, danach ein Imbiss an einer Bude – in allen Leipziger Generationen gibt es schöne Erinnerungen an die Stadt. Die historische Altstadt als Ort des Handels und der Gastfreundschaft, das hat in Leipzig eine lange Tradition.

Das Zentrum innerhalb des Innenstadtrings ist der älteste und zugleich bedeutendste Teil der Messestadt. Seit der frühen Steinzeit siedeln Menschen im Gebiet des heutigen Matthäikirchhofs an der Großen Fleischergasse. Spätestens mit dem Messeprivileg – 1458 stellte erst der sächsische Kurfürst Friedrich II., 1497 dann auch der Deutsche Kaiser Maximilian I. die Leipziger Jahrmärkte unter besonderen Schutz – hat sich die Stadt zur bedeutenden Handelsmetropole entwickelt.

Die historische Innenstadt ist untrennbar mit der Geschichte der Messen verbunden. Kaufhäuser, Büros und Geschäfte, sie befinden sich häufig in einem der Messepaläste, die Leipzigs Händler gegen Ende des 19. Jahrhunderts errichteten. Dort, wo früher Besucher aus dem In- und Ausland neueste Waren und Entwicklungen bewunderten, entstand Leipzigs ausgeprägtes Passagensystem mit seinen vielen Geschäften, Restaurants und Bars. Auch in Zeiten, in denen es an vielem mangelte, ließ sich in der Stadtmitte ein vielfältigeres Warenangebot finden als anderswo, speziell während der Messen.

Die größten baulichen Veränderungen erlebte die Stadt im vergangenen Jahrhundert in drei sehr unterschiedlichen Phasen. Im Zweiten Weltkrieg wurden weite Teile des Zentrums zerstört; 1945 lagen unter anderem der Hauptbahnhof, viele historische Gebäude am Markt oder entlang des Rings in Trümmern. In der Nachkriegszeit konnten einige Baudenkmale wie das Alte Rathaus und die Alte Waage wieder aufgebaut werden. Erst in den 1960ern wurden in einer Welle große Neubauten errichtet. Dazu zählen die siebengeschossigen Wohnhäuser am Georgiring, aber auch die Oper, das Hochhaus Brühlzentrum oder das Messeamt und Messehaus am Markt.

An anderer Stelle wurden die entstandenen Lücken verschönert, teilweise mit großem Erfolg. An den Sachsenplatz zwischen Katharinen- und Reichsstraße erinnern sich viele Leipziger bis heute gerne. Das vor dem Krieg dicht bebaute Areal erhielt Blumenrabatten und mehrere vom Metallkünstler Harry Müller gestalteten Brunnen. Nach 1990 wiederum wurden viele Leerstellen in kürzester Zeit mit neuen Geschäftsgebäuden gefüllt und auch der Sachsenplatz wich dem Museum der bildenden Künste. Ebenfalls verschwanden einige DDR-Gebäude wie die Wohnhochhäuser am Brühl oder das Messeamt, um Platz für Neues zu machen.

Heiko Krüger
Offensichtlich war zum Zeitpunkt der Aufnahme Weihnachtsmarkt. Man erkennt das auch an dem spärlichen Baum rechts im Bild.

74

◂ Vielen Dank an Bernd Heyne für dieses Bild. Links sehen wir das Leipziger Messeamt, geradeaus die restaurierten historischen Gebäude an der Nordseite des Marktes.

Jens Hoffmann
Vor der Gebäudeseite im Hintergrund steht jetzt das Haus mit der Buchhandlung. Dazwischen das Haus mit McDonald's, drin ist wohl auch ein Neubau.

Bernd Lollo
Hinten mittig das dunkle Gebäude hieß damals Centrum Warenhaus. Heute ist Karstadt drin.

72

▴ Blick vom Markt in der Petersstraße an einem Messetag im Frühjahr 1964. Vielen Dank, Rainer Richter.

Enrico Koch
Das Foto muss während eines Sportfestes entstanden sein. Ich sehe Fahnen vom SV Dynamo, von Motor und von Chemie.

Tom Schulze
Auf dem Markt scheint auch gerade ein Oktoberfest stattzufinden. Das war in den 50ern noch gang und gäbe.

45

▲ Auf der anderen Seite des Marktplatzes sehen wir das Alte Rathaus, hier auf einem Dia von Gerhard Fischer aus den 1950ern.

Claus Peter Engler
Ich habe in diesem Geschäft in den Sommerferien mal im Lager gearbeitet. Ich weiß, dass es oft Dinge im Angebot gab, die selten waren.

Cordula Hertel
Meine Mama hat gegenüber vom Einkaufszentrum am Hauptbahnhof gearbeitet. Die konnten immer sehen, was geliefert wurde. Und wenn es was Seltenes war, dann gleich hin und gekauft.

Michael Fritzsche
Ja, kurz nach Tschernobyl gab's da plötzlich viele Dinge, die ich noch nie gesehen hatte, beispielsweise Auberginen oder diese kleinen grünen Mini-Paprika. Hab gleich eine solche gegessen und dann bin ich mit hochrotem Kopf zum Softeis-Stand gerannt. Das Eis ist schon bei Annäherung geschmolzen, denn die kleinen grünen Paprika waren Chilis.

44 ▲ In der Innenstadt gab es immer ein gutes Einkaufsangebot, berichtet Bernd Heyne, der zwischen 1968 und 1975 in der Hainstraße lebte. Dort befand sich auch dieser Gemüse- und Obststand.

Silvia Schröder
Den Gemüsestand kenne ich auch noch. Rechts davon war ein Herrenausstatter.

44

◀ Nachts wurde Bernd Heynes Familie manchmal von betrunkenen NVA-Soldaten geweckt, die aus einer Kneipe kamen und sich einen Jux machten, »indem sie lautstark und mit den Fäusten auf die hölzerne Verkaufstafel schlagend nicht vorhandende Bananen anboten«, schreibt er. Aufgeregt hat ihn das nicht. »Für uns war das eine belustigende, verständnisvoll akzeptierte Ruhestörung.«

53

▶ »Längst hatten wir die Anlieferung von Pfirsichen zur Herbstmesse erspäht und nutzten die Chance, ein paar dieser seltenen Vitaminspender einkaufen zu können, noch ehe sich die meist älteren und vorwiegend weiblichen Rentner am Vitamin-Basar gegenüber anstellen konnten«, schreibt Bernd Heyne zu diesem Bild.

99

▲ Eine Bildmontage von Bernd Heyne zeigt die Hainstraße: Links geht der Blick zum Markt, rechts in Richtung Brühl.

Ron P Tilgner
Im Kino der Freundschaft war ich jede Woche.

Silvia Bodendieck
In der Bäckerei Goldschmidt in dem Haus am rechten Bildrand war der Kuchen eine Schmakazie. Vor allem der Zuckerkuchen.

43 ▲ Ende der 1960er fotografierte Bernd Heyne den morgendlichen Lieferverkehr in der Hainstraße.

Peter Zwenkau
Da ist einmal die komplette Bandbreite von DDR-Lkws zu sehen.

Claudia Hammerschmidt
Auf der linken Seite ist das Kino der Freundschaft zu erkennen.

Kerstin Spitzmüller
An eine Tanzbar im Untergeschoss eines Gebäudes kann ich mich auch noch erinnern.

FILME DER WOCHE

Vom 7. bis 13. Dezember 1962

Wenn nicht anders vermerkt; täglich 17.15 und 19.45 Uhr

Jugendfrei; P 6 = ab 6 Jahre; P 14 = ab 14 Jahre; P 18 = ab 18 Jahr; KV = Kindervorstellung; S.-Pr. = Sonderkulturfilmvorstellung

… :

…rten. Fr. bis Do.: **Privat-** … P 18. Tägl. 15, 17.15 und …hr. Sbd. auch 22 Uhr. KV …10.30 Uhr: Die Schnee-… P 1.

…uspielhaus. Fr. bis Mo.: …K. **Militärmusik.** P 14. …5 und 17.15 Uhr. Fr. bis **…Privatleben.** P 18. Täglich …19.45 Uhr. Dazu täglich in der 19.45-Uhr-Vorstellung S.-Pr. So., 10 Uhr: Überschwemmung. P 6. Di. bis Do.: **Das Leben kann so schön sein.** P 14. Tägl. 15 u. 17.15 Uhr. KV Do., 15 Uhr: Der Zauberbrunnen. P 1.

Kino der Jugend. Fr. bis Do.: **Musik ist Trumpf.** P 14. Sbd. bis Mo. auch 15 Uhr. Sbd., 22.15 Uhr: Das Haus der Lady Alquist. KV …13 Uhr: Sendetürme im …nd.

…st. Fr. bis Do.: **Minna …helm.** P 6. Tägl. auch … 22 Uhr. KV So., 11 u. … Schneewittchen. P 1.

…n. Fr. bis Mo.: **Planet …ne.** P 6. So., 15 Uhr: …ronenhülsen. KV Sbd., …chneewittchen. P 1 Di.: … **Losung.** P 14. Mi.: **Das … der Tenne.** P 14. Do.: **…ere, das verkannte Genie,** P 14.

Viktoria-Lichtspiele. Fr. bis So.: **Vater gesucht.** P 14. Tägl. 17.15 und 19.45 Uhr (außer Sbd.). Nur …45 Uhr: **Die Elenden.** … und 2. Teil. KV So., …Die goldene Jurte. P 6. …ielfreier Tag! Di. bis …ein **Spaß.** P 14.

…r. Fr. bis Mo.: **Minna …elm.** P 6. Tägl. 16.15 … KV Sbd., 14.30 Uhr: … Traktorist. P 1. So., …Der Junge vom Skla-… 6. Di. bis Do.: **La-… Herzens.** P 14. Täg-…nd 19.45 Uhr.

…Fr. bis So.: **... und … auch.** P 14. Täglich …45 Uhr. So., 15 Uhr: …6. Montag spielfreier …is Do.: **Strahlen auf** … 6. Tägl. 17.30 und …

…piele. Vorübergehend …!

…ewitz. Fr. und Sbd.: **Die neue Losung.** P 14. Täglich 15, 17.15 und 19.45 Uhr. Sbd., 22 Uhr: Das Bad auf der Tenne. So. bis Do.: **Ach, du fröhliche.** P 14. Tägl. nur 19.45 Uhr. So. bis Do.: **Rette sich wer kann,** P 6, nur 15 Uhr. So. bis Do.: **Verliebt in Kopenhagen,** P 14, täglich nur 17.15 Uhr. So., 9 Uhr: Die Liebe u. der Co-Pilot. P 6. So., 11 Uhr: Trapez. P 6. KV So., 13 Uhr: Der kleine Bobesch. P 6.

Kulturhaus Nation, Front, Karl-Liebknecht-Straße 46. Fr., 17 u. 19.30 Uhr: **Djamila.** P 14. Fr., 15 Uhr: Fritzchen Spurtefix und die Paddler. P 6. Sbd., 17 und 19.30 Uhr: **Die wilde Barbara.** P 14. Sbd., 15 Uhr: So leben wir.

HO-Gaststätte Marienbrunn, Am Bogen 21. Mi., 17 und 19.30 Uhr: Monsieur Dupont. P 14. Mi., 15 Uhr: OK 12 startet. P 6.

Ingenieurschule für Post- und Fernmeldewesen. Di., **19 Uhr:** Der Gejagte. P 6.

Stern-Lichtspiele. Fr. bis Mo.: **Rocco und seine Brüder.** P 18. **Tägl. 16 und 19.30 Uhr.** (Dopp. Eintrittspr.) Sbd., 14 Uhr: Natürlich die Nelly. So., 14 Uhr: Der Himmel ruft. P 6. Mo., 14 Uhr: Im Tresor gefangen. P 6. Di. bis Do.: **Der Teufel der 10. Klasse.** P 6.

FILMBÜHNE CAPITOL

Ein bedeutender amerikanischer Cinemascope-Farbfilm!

Ein Leben in Leidenschaft

(P 14)

(Vincent van Gogh)

Das Schicksal eines genialen Künstlers – der tragisch endende Lebensweg des Malers Vincent van Gogh.

Darsteller: Kirk Douglas, Anthony Quinn, James Donald, Pamela Brown.
Regie: Vincente Minelli.
An der Hammond-Orgel: Erich Neumann.
Die Vorstellungen beginnen mit dem Augenzeugen.
Veränderte Anfangszeiten: Täglich 9.45 (auch am Sonntag), 12.15, 15, 17.45, 20.30 Uhr (Sonnabd. keine Spätvorstellg.).
Wegen Überlänge dieses Filmes 1½facher Eintrittspreis!
Vorverkauf: Reisebüro, Schillerstraße 5, für mehrere Tage im voraus. Capitol-Kasse täglich von 11 bis 19 Uhr, für **1 Tag im voraus.**

Unser **Kinderklubraum** ist wochentags von 9.45 bis 17.30 Uhr geöffnet.

SCHAUBURG

Freitag bis Donnerstag:

NEUN TAGE EINES JAHRES, P 14

In Karlovy Vary ausgezeichnet. Die ergreifende Erzählung über den jungen Atomphysiker Gussew.
Anfangszeiten täglich 17.15 und 19.45 Uhr

Sonnabend, 22.15 Uhr, und Sonntag, 10 Uhr: **Die Reise im Ballon, P 6. Ein** französischer Farbfilm in Dyaliscope

Sonntag, 13 Uhr, Kindervorstellung: **Hühnchen auf Reisen**

Täglich nur 15 Uhr:

Das Mädchen und der schwarze Hengst, P 6

Lenka, das Pferd Primus und die Dorfjugend – ein spannender CSSR-Film in **Cinemascope.** Dazu im Beiprogramm tägl. 15, 17.15 und 19.45 Uhr:

NEWA, ein neuer, großartiger 70-mm-Panorama-Film

Vorverkauf für die Tage Freitag bis Montag nur für die 19.45-Uhr-Vorstellung im DER, Schillerstraße 5, und im Theater von 15 bis 19 Uhr für alle Vorstellungen 1 Tag im voraus. Tageskasse ab 14 Uhr, Sonntag ab 9 Uhr, für die Früh- und ab 12.30 Uhr für die Kindervorstellung geöffnet.

Achtung! Merken Sie sich bitte vor: Ab 18. Januar 1963 der erste 70-mm-Panorama-Spielfilm in unserem Theater.

FILMTHEATER DER FREUNDSCHAFT

ES LEBE DIE LIEBE

P 14

Ein alter deutscher Film mit: Johannes Heesters, Lizzi Waldmüller, Hilde Seipp, Will Dohm u. a.

Täglich 15, 17.30 und 20 Uhr, Sonnabend auch 22.15 Uhr

Dazu 20 Uhr Sonderprogramm (außer Sonnabend): Hallo Undine und Versuchen Sie's mal mit Brom
Beginn des Hauptprogramms 20.40 Uhr

Vorverkauf nur im Deutschen Reisebüro, Schillerstraße 5.
An der Tageskasse jeweils 1 Stunde vor Beginn der ersten Vorstellung für den Spieltag!

Westen:

Filmpalast. Fr. bis Do.: **Der Kinnhaken.** P 14. Tägl. 14.45 (außer Sbd.), 17.15 und 19.45 Uhr. Sbd., 22 Uhr: Der schöne Octave. So., 14.45 Uhr: Feuriges Blut. P 6.

Central-Lichtspiele. Fr. bis Do.: **Minna von Barnhelm.** P 6. Tägl. 17.30 und 20 Uhr. So. und Do. auch 15 Uhr. KV So., 13 Uhr: Das Mädchen Tausendschön.

Lindenfels. Fr. bis So.: **Menschen und Tiere.** P 14. Täglich nur 19.30 Uhr. (Dopp. Eintrittspr.) Fr. und Sbd.: **Kotschubej.** P 6. Tägl. 17.15 Uhr. So., 15 Uhr: Die Vier von der Moana. P 6. So. bis Di.: **Schneelawine.** P 6. Täglich 17.15 Uhr. Mo. auch 15 Uhr. Mo. und Di.: **Ein Leben in Gefahr.** Ab 14 J. Nur 19.45 Uhr. Mi. u. Do.: **Die neue Losung.** P 14.

Edda-Lichtspiele. Fr. bis So.: **Der Gejagte.** (Ritter der Nacht.) P 6. Sbd., 22 Uhr: Jugendsünde. KV So., 15 Uhr: Der Abc-Schütze. P 1. KV Sbd., 15 Uhr: Das Wunschauto. P 1. Montag spielfreier Tag! Di. bis Do.: **Papas neue Freundin** und **Vielgeliebtes Sternchen.** Tägl. 16 u. 19.45 Uhr. (Dopp. Eintrittspr.) P 6.

Lichtspiele Großzschocher. Fr. bis Mo.: **Die Elenden.** P 14. Täglich 17.15 Uhr, 1. … 2. Teil. S… wer kan… **bändiges** … nur 17.1… **Hexen** v… nur 19.45…

Ratskeller-… **Der letz…** täglich i… S.Pr.: **Ta…** 15 Uhr: … Glück. P 1. Sbd., 22 Uhr: Sommerliebe. So., 15 Uhr: Was ihr wollt. P 6. Montag spielfreier Tag! Di. bis Do.: **Fesseln.** P 14.

Elite-Lichtspiele. Fr. bis Mo.: **Der Traum des H…** Sbd., 22.15 … Belvedere… nie. KV … chen. P 1… zehn. P … **brannte** …

Norden:

Go-Li-Pa. … **haken.** … Sbd.). 17.… auch 22.15 … Die Heinze…

Coppi-Lichtspiele. … **Labyrinth des Herzens.** P 14. Tägl. 17.30 und 20 Uhr. So., 15 Uhr: Das geheimnisvolle Wrack. P 6. KV Sbd., 15 Uhr: Die Heinzelmännchen. P 1. Montag spielfreier Tag! Di. bis Do.: **... und deine Liebe auch.** P 14. Täglich 17.30 und 20 Uhr.

Olympia-Lichtspiele. Fr. bis Mo.: **Das Mädchen und der schwarze Hengst.** P 6. Täglich 17.30 und 20 Uhr. Sbd., 22.15 Uhr: Haus der Erpressung. Sbd., 15 Uhr: Adler 101. P 6. So., 15 Uhr: Das Traumschiff. P 6. KV Sonntag, 13.30 Uhr: Das verlorene Püppchen. Di. bis Do.: **Die Umstandskrämer.** P 6. Tägl. 17.30 u. 20 Uhr.

Germania-Lichtspiele. Fr. bis So.: **Der weiße Traum.** P 6. Sbd. auch 22.15 Uhr. So., 15 Uhr: Der Teufel vom Mühlenberg. P 6. KV Sbd., 15 Uhr: Das blaue Kätzchen. P 1. Montag spielfreier Tag! Di. bis Do.: **Königskinder.** P 14.

Eutrtizscher Lichtspiele. Fr. bis Mo.: **Die Teufelsfalle.** P 6. Fr. bis So., 17.15 und 19.45 Uhr. Mo. 17 und 20.15 Uhr. Sbd., 22.15 Uhr: Der letzte Zeuge. P 14. So. u. Mo.: **Die neue Losung.** P 14. So., 9.30 u. 15 Uhr. Mo. 15 u. 19 Uhr. KV Sbd., 15 Uhr: Das fliegende Schiff. P 6. Di. bis Do.: **Musikalisches Rendezvous.** P 6. Mi. auch 15 Uhr.

Filmbühne Nord. Fr. bis So.: **Musikalisches Rendezvous.** P 6. So. auch 15 Uhr. KV Sbd., 15 Uhr: Tischlein deck dich. P 1. Montag spielfreier Tag! Di. bis Do.: **Das zweite Gleis.** P 14.

UT Schönefeld. Fr. bis Mo.: **Das Mädchen auf dem Titelblatt.** P 14. Dazu tägl. in der 19.45-Uhr-Vorstellung S.-Progr.: **Pferde am Start.** So. 15 Uhr: Rotkäppchen. P 1. KV Sbd. 15 Uhr: Eichhörnchen Pinselohr. P 1. Di. bis Do.: **Die Umstandskrämer.** P 6. Do 15 Uhr: Der Stolz der Familie. P 6.

Lichtburg Portitz. Am 8. 12. zeigen wir: 15, 17.30 und 20 Uhr: **Tierfänger,** P 6. Di., 20 Uhr: **Das Mädchen auf dem Titelblatt,** P 14. Do., 20 Uhr: **Das Fräulein von Scuderi,** P 14.

Ursula Abraham
Stern-Lichtspiele und UT-Connewitz waren damals meine Kinos.

Renate Wiese
Bei »Ein Leben in Leidenschaft« ging es um den Maler Vincent van Gogh.

Carmen Wehmann
Wir hatten ein fahrendes Kino in Marienbrunn in der Gaststätte.

Sylvia Hahnl
Das Kino der Jugend in der Ernst-Thälmann-Straße und das Capitol hab ich sehr gut in Erinnerung.

Steffi Brock
Unvergesslich ist für mich das Kino Regina. Dort hatten meine lieben Kommilitonen den Besuch des Films »Robinson Junior« angeregt, der damals neu war. Er war ein bisschen freizügig.

58

▲ Udo Wellhausen hob dieses Kinoprogramm vom Dezember 1962 auf. An welche der Filmtheater und Filme könnt ihr euch noch erinnern?

Martin Floth
Herrlich, Erinnerungen werden wach. Aber da kam der Wessi und schon war es weg.

Sylvana Brandes
Hatte da 2001 meine Jugendweihe.

Stephan Jumpertz
Da habe ich meinen ersten Kinofilm gesehen. Das waren noch Zeiten!

161

▲ Ralf Tauchnitz schickt uns dieses Foto aus den 1960ern vom Capitol in der Petersstraße. An welche Filme, die ihr dort gesehen habt, könnt ihr euch noch erinnern?

106

◀ Gerd Schniebs hat um 1960 bei einer Hobby-Fotogruppe mitgemacht. Aus seiner Reihe von Nachtfotos aus der Leipziger Innenstadt stammt auch diese Aufnahme der Mädler-Passage.

Fridtjof Tauche
Da waren unter anderem ein Briefmarkenhändler und die Kubanische Bar. Varadero hieß die, glaube ich.

Marko Knaack
Der Plattenladen Woodstock-Center hatte dort nach der Wende auch kurz seine Residenz.

Regina Demmin
Es gab da auch eine Puppenklinik mit zwei netten alten Damen.

250

▲ Ein Blick in das Barfußgässchen im Jahr 1956 erlaubt uns Lothar Dienel mit dieser Aufnahme. Wo heute zwischen Tischen, Stühlen und Sonnenschirmen nur ein enger Fußweg bleibt, durften damals noch Autofahrer parken. Könnt ihr euch noch an die Geschäfte in der Straße erinnern, die dort waren, bevor die Restaurants und Cafés kamen?

Frank Klimpel
Rechter Hand waren Samen-Koch, Gummi-Klose und Waffen-Moritz.

47

◄ Blick in die Grimmaische Straße während der Frühjahrsmesse 1961, vielen Dank für das Bild an Baldur Scheinert.

Sissi Silberstein
Die drei Namen fand ich immer klasse. Daneben war noch ein Laden mit Kunst, Büchern und Reproduktionen.

Leipzig-Album
Was ist das für ein weißer Aufsteller mit den farbigen Tafeln darin?

Jürgen Schneider
Das ist einer von vielen Messeaufstellern, die lediglich Fahnen oder Farbelemente trugen. Sie dienten zum Aufhübschen der noch sehr tristen Stadtkulisse.

43

▲ Baldur Scheinert schickt dieses Dia, das emsigen Trubel in der Reichsstraße an einem Messetag im Frühling 1961 zeigt.

Claudia Hammerschmidt
Es gab immer etwas zu Kaufen. Wir sind ja früher nicht in Kartoffelsäcken rumgelaufen. Die Sachen vom Centrum Warenhaus waren aber oft nicht so modisch. Als Kind habe ich die Schaufensterbummel geliebt.

Silvia Schröder
Es gab immer was zum Stöbern. Und man hat sich gefreut, wenn man was »erwischt« hat.

96

▲ Wo heute Karstadt ist, war früher das Centrum Warenhaus. Was gab es dort? (Foto: Armin Kühne)

Cornelia Erdmann
1982 habe ich dank der Hilfe meiner einzelnen Familienmitglieder mein erstes komplettes Porzellanservice (Weinlaub) zusammengekauft. Einer nahm das Kaffeeservice, der andere das Speiseservice, der nächste die Kaffeekannen, Schüsseln und so weiter. Alle Teile nur für eine Person, das ging nicht. Das war wie bei den Orangen, da gab es auch pro Familienmitglied nur eine Orange.

26 👍

▶ Die Rückseite vom Centrum Warenhaus in der Petersstraße (links im Bild) fotografierte Armin Kühne.

Lukas Zahn
In dem hier zu sehenden Laden war mal die Konditorei Kämpfe ansässig.

Claus Peter Engler
Das Geschäft in der Mitte war ein winziger, enger Lebensmittelladen. In diesem war mein Schwiegervater während seines Studiums beschäftigt. Schöne Erinnerung im Bild festgehalten.

100 👍

◀ Hier das Leipziger Messeamt am Markt, in dem auch die Centrum-Generaldirektion ihre Büros hatte. Vielen Dank an Günther Sachse für das Dia vom April 1981.

Cornelia Erdmann
Die Hütte war immer rappelvoll.

Horst Kühnel
Man musste Geduld mitbringen.

Kath Rin
Und dann gab es in den 70er und 80er-Jahren noch so einen Suppenladen, in dem man Suppe nicht nur kaufen, sondern auch essen konnte.

100

◄ Erinnert ihr euch noch an den »Goldbroiler« in der Hainstraße? Günter Wächtler schickt uns dieses Foto, das wahrscheinlich 1990 aufgenommen wurde.

Stefan Heymann
Liegen da Gleise?

John Müller
Die Hainstraße ist mit eine der ältesten Straßen Leipzigs. Es verliefen dort nie Gleise, auch nicht zu Zeiten der Pferdebahn. Das, was dort bildlich fast so anmutet, war der Bürgersteig, am Rand die Borden. Ein trauriger Anblick, wie der Rest der damaligen Republik.

125

▲ Ein Blick in die Hainstraße zum früheren Hôtel de Pologne. Vielen Dank an Günther Sachse für dieses Foto, das etwa 1981 aufgenommen wurde.

85

◄ Welche Erinnerungen habt ihr an das Kaffeehaus, das Günther Sachse hier 1981 in der Hainstraße fotografiert hat?

Carmen Wehmann
Dort wurde eine Pause eingelegt, nach einem anstrengenden Stadtbummel.

Sissi Silberstein
Schöne Erinnerung – leckere Torte.

Lothar Dienel
Bis 1989 war ich dort Kunde und habe meine Prakticas und Zubehör gekauft. Das stilisierte »IL« neben der Leuchtreklame heißt übrigens »Industrieladen«. Der Laden wurde also direkt von der Kamera-Industrie geführt.

Andreas Langos
Meine Eltern haben dort ihre Filme für den Fotoapparat gekauft, wenn es in den Ostseeurlaub ging. Früher waren das Schwarzweiß-, später dann Farbfilme.

101

▲ Wer erinnert sich noch an das Fotogeschäft in der Hainstraße? Vielen Dank an Günther Sachse für dieses Bild von 1981.

87

◂ Günter Wächtler schickt uns dieses Foto von 1988 aus dem Preußergässchen. Wisst ihr noch, was es dort gab?

Simone Stephan
Ich kann mich noch an die Berge von Rot- und Weißkohl erinnern.

Silke Wend
OGS: Obst, Gemüse & Speisekartoffeln.

Jens Willnow
Meist war es Gemüsemarkt und an Weihnachten gab es gefrorenes Geflügel.

Fan Thomas
Das ist die Leipziger Löwenschänke, da gab es Grilletta.

Matze Wagner
Mein erster Ferienjob war dort, ich musste Kochklopse verkaufen. Nach drei Wochen konnte ich keine Klopse mehr sehen.

Diethard Hundeshagen
Die Löwenschenke war der Warteort auf einkaufswütige Partnerinnen. Ein Bierchen ging immer.

157

▴ Dort, wo heute der Petersbogen steht, waren früher Imbissbuden. Günter Wächtler hat eine Aufnahme der Stände gefunden – herzlichen Dank dafür!

Ra Mona Schu
Mein Opa hat mal einen Kühlschrank im Leipziger Zoo gewonnen, den musste er dann mit der Bahn und Schubkarre nach Torgau transportieren.

Dany Pressler
Eine oder zwei Mark, das höchste waren glaube ich mal zehn Mark.

Lukas Zahn
Ein sächsischer Kabarettist sagte zum Thema Zoolotterie: »Lass mich das Pech haben und ich gewinne den Zoo – da kann ich aber Schnee schippen ...«

Ute Nitsche
Es gab, glaube ich, nur Geldpreise. Ich hab es mal auf 100 Mark gebracht. Alles über 50 Mark war im Zoobüro abzuholen.

69

▲ Was gab es eigentlich bei der Zoo-Lotterie zu gewinnen? Danke an Frieder Kuhnlein, Günter Wächtler und Armin Kühne für die Fotos.

Gaby Förster
Und im Sommer baumelten die Füße im Wasser. Schön war's.

Jule Podengo
Schnell mal von der Pinguin-eisbar ein Eis auf die Hand und dann dort auf eine Parkbank bei schönem Wetter. War wunderschön!

Lukas Zahn
Man hat nach dem Krieg einfach aus der Not eine Tugend gemacht, was im Falle des Sachsenplatzes auch sehr gut gelungen war. Vor dem Krieg war das Areal noch dichter bebaut als heute.

139

▲ Wie der Sachsenplatz aussah, lange bevor das Bildermuseum und die Eckgebäude gebaut wurden, zeigt die diese Postkarte vom Anfang der 1980er-Jahre.

Karin Grießbach
Mein Mann hat dort die Lüftungsanlagen installiert und die Dachklempnerarbeiten ausgeführt.

ostmodern.org
Wann wurde die eigentlich abgerissen?

John Müller
Die Leipzig-Information wurde 1969 eröffnet und 1996 zum Abriss freigegeben. Drei Jahre später wurde dort das Museum der bildenden Künste errichtet.

69

▲ Bernd Heyne hat für uns ein Foto von der Leipzig-Information am Brühl herausgesucht. Vielen Dank!

Ute Nitsche
Da war der Sachsenplatz noch schön.

Bernd Brade
Der freie Blick auf die Katherinenstraße war schön, sonst war nur die DDR-Blockbauweise zu bestaunen. Der aus einer Kriegslücke entstandene Sachsenplatz hätte tatsächlich einfallsreicher bebaut werden können.

Andreas Flurschuetz
Das war Erholung pur.

102

▲ Der Sachsenplatz und die Katharinenstraße, 1991 fotografiert von Frank Klimpel. Damals standen die von Harry Müller gestalteten Brunnen – im Volksmund Pusteblumen genannt – noch an ihrem ursprünglichen Platz.

45

◄ Die luftige Baulücke am Hallischen Tor, hier noch einmal aus ebenerdiger Perspektive. Vielen Dank, Frank Klimpel, für diese Aufnahme von 1991.

Angelika Kanitz
Natürlich. Was immer wieder auffällt, sind die gepflegten Blumenbeete mitten in der Stadt. Leider ist das heute nicht mehr so.

Guido Mann
Jetzt wird unsere schöne Stadt immer weiter zugebaut und hat keinen Charme mehr.

Michael Schellbach
Auf dem Bild sieht das super aus. Heute ist dort alles nur noch aus Beton, das Grün ist weg. Echt schade!

167

▲ Wolfgang Geißler schickt uns dieses Foto, das er aus dem Fenster seines Arbeitsraumes in der dritten Etage des Brühlpelzes gemacht hat. Erinnert ihr euch noch an diesen gepflasterten Durchgang Richtung Hauptbahnhof?

Silke Herrling
Der Sachsenplatz war mal ein Schmuckstück. Da konnte man auf einer Bank im Grünen sitzen. Das jetzige Bildermuseum ist einfach nur hässlich. Schade, dass man unsere schöne Innenstadt so zubauen muss.

54

▲ Wo früher einmal der Sachsenplatz lag, steht heute der Neubau des Museums der bildenden Künste. Sybille Kaiserin fuhr auf die Aussichtsplattform des City-Hochhauses, um die Bauarbeiten zu fotografieren.

Anna-Maria Poschke
Ich war als Studentin bei den Ausgrabungen dabei. Wir fanden jede Menge Keller. In einem lagen noch Sonnenbriketts. Daneben kam reinstes Mittelalter zum Vorschein mit einigen Latrinen. Den Geruch wurde man ewig nicht los.

Uta Förster
Die Bäume, die Brunnen mit den Bänken und der Eisladen auf der Ecke fehlen. Bei diesem Container-Italiener habe ich die erste Lasagne meines Lebens gegessen.

46

▲ Zuerst kamen die Archäologen: Als der Sachsenplatz verschwand, wurde zunächst im Untergrund nach historischen Überresten gesucht. Erinnert ihr euch noch, was die Wissenschaftler damals dort fanden? Vielen Dank an Frank Klimpel für diese Aufnahme.

Angelika Köhler
Schönstes Kaufhaus des Ostens.

Silvia Schröder
Ganz oben war ein Restaurant, da war ich früher mit meinem Opa immer Schlagsahne essen und Rolltreppe fahren.

Birgit Lauer
Man konnte noch für wenig Geld einkaufen, auch wenn man meist nicht das gekriegt hat, was man wollte. Egal, aber bummeln durch die »Blechbüchse« war Kult.

Heiko Em
Die Autos davor sind kultig.

▲ Das nach dem Umbau 1968 neu eröffnete Konsument-Warenhaus am Brühl. Aufgrund der Aluminium-Fassade von Harry Müller wurde das Kaufhaus auch »Blechbüchse« genannt. Vielen Dank an Bernd Heyne für das Foto.

Das größte Kaufhaus der DDR und ein blaues Wunder

Bei einem Bummel durch die Leipziger Innenstadt durfte ein Besuch im Konsument-Warenhaus am Brühl nicht fehlen. Das 1908 errichtete Kaufhaus verfügte in den Zwanzigerjahren über die erste Rolltreppe der Stadt – ein Erlebnis, das sich niemand entgehen lassen konnte. Spätere Generationen von Leipzigern erinnern sich bis heute an den »Erfrischungsraum«, eine Mischung aus Restaurant und Café mit 700 Plätzen, in dem ein großes und günstiges Angebot an Getränken und Speisen Besucher anlockte.

Das von den Nazis enteignete Kaufhaus, der Besitzer war jüdischen Glaubens, wurde 1943 von Brandbomben schwer getroffen und weitgehend zerstört. Nach dem Krieg übernahm die neu gegründete Konsumgenossenschaft die Ruine. Sie ließ das Dach notdürftig reparieren und eröffnete das Haus unter dem neuen Namen »Warenhaus des Friedens« wieder für die Besucher. Mit dem Zentralen Handelsunternehmen »konsument« kam 1965 ein neuer Betreiber. Drei Jahre lang wurde das Gebäude gründlich saniert und umgebaut. Es erhielt dabei seine berühmte Aluminium-Fassade, die der Metallkünstler Harry Müller gestaltete. Fortan wurde das von 8 000 auf 11 500 Quadratmeter vergrößerte Kaufhaus im Volksmund »Blechbüchse« genannt. 1968, zu seiner Wiedereröffnung, galt es als größtes Warenhaus der DDR und bildete das Flaggschiff der »konsument«-Kette. Im Rücken des markanten Gebäudes entstand ein Ensemble aus Wohnhochhäusern und Flachbauten am Brühl.

Auch der umgebende Stadtraum wurde in den 1960ern und 1970ern verändert und modernisiert. Fuhr nach dem Krieg die Straßenbahn noch über den Brühl, wurde Anfang der 1970er-Jahre die Trasse auf dem Tröndlinring ausgebaut. Dort war zuvor die Straße vergrößert worden. Über den im Jahrzehnt zuvor neu gestalteten Friedrich-Engels-Platz führte ab 1972 eine Fußgängerbrücke, die wohl aufgrund ihres Anstrichs und in scherzhafter Anspielung auf die berühmte Dresdner Brücke den Spitznamen »Blaues Wunder« erhielt. Als zur Vorbereitung auf die Fußballweltmeisterschaft 2004 der Straßenraum am nun wieder nach Richard Wagner benannten Platz neu aufgeteilt wurde, wurde die Brücke abgerissen. Sie wird von vielen Leipzigern bis heute vermisst. Auch hinter der Metallfassade am Brühl steckt nicht mehr das alte Kaufhaus. 2010 wurde es abgerissen und zwei Jahre darauf an gleicher Stelle die Höfe am Brühl mit der aufgearbeiteten Aluminiumverkleidung von Harry Müller eröffnet.

277 👍

◀ Das Dia von Frank Klimpel zeigt das Konsument-Warenhaus noch vor dem großen Umbau, bei dem es die charakteristische Aluminiumfassade erhielt. Die Aufnahme müsste also Mitte der 1960er entstanden sein. Habt ihr Hinweise auf das genaue Jahr?

Uwe Müller
In der Zeit von 1966 bis 1968 wurden drei zueinander parallele, aber zum Brühl querstehende, zehngeschossige Wohnhochhäuser errichtet, die durch eingeschossige Flachbauten miteinander verbundene kleine Innenhöfe bildeten. Das Foto zeigt das alte Kaufhaus am Brühl, sicher vor 1966. Ich schätze mal 1964/1965.

Heiko Em
Ich hab noch nie ein Bild ohne »Blechhülle« gesehen. Danke fürs Zeigen!

112 👍

▶ Als Bauleiter beaufsichtigte Wolfgang Schenk (rechts) den Umbau des Friedrich-Engels-Platz, aus seiner Fotosammlung erhielten wir diese Aufnahme von 1964. Im Hintergrund sehen wir das Kaufhaus noch mit seiner Gründerzeitfassade.

132

▸ Ab 1973 überspannte die beliebte Fußgängerbrücke »Blaues Wunder« den Ring beim Konsument-Warenhaus – woher hatte sie eigentlich ihren Spitznamen?

Thomas Albrecht
Die Brücke war, von ihrer Fertigstellung im Jahre 1973 bis in die späten 80er-Jahre, blau. Daher wurde sie von den Leipzigern scherzhaft, in Anlehnung an die Loschwitzer Brücke in Dresden (früher König-Albert-Brücke) Blaues Wunder genannt. Noch vor der Wende wurde die Brücke grau angestrichen.

124

◂ Vielen Dank an Gertraude Neubert für diese Postkarte vom Friedrich-Engels-Platz – hier noch ohne Fußgängerbrücke.

Thomas Engel
Das war einfach nur praktisch und gut. Man konnte die große Kreuzung in Ruhe und ohne Gefahren überqueren.

Ute Nitsche
Gab es den Abschnitt zur Feuerwehr bis zum Abriss? Ich kann mich an diese Seite nicht wirklich erinnern. Den Teil, der von der Blechbüchse zum Gastmahl des Meeres ging, habe ich oft mit dem Kinderwagen genutzt.

Maik Bujara
Das blaue Wunder war ideal zum Überqueren der Kreuzung. Vor allem mit dem Fahrrad hat das sogar richtig Spaß gemacht, da runter zu fahren.

144

▲ Die scherzhaft »Blaues Wunder« genannte Fußgängerbrücke am Friedrich-Engels-Platz, auf dieser Ansichtskarte noch mit blauem Anstrich.

ostmodern.org
Vielen Dank für die seltene Perspektive!

137 ◄ Vom Turm der Reformierten Kirche am Tröndlinring fotografierte Uwe Schlegel 1995 die »Blechbüchse«.

Kerstin Bruhn
In der alten »Blechbüchse« habe ich gelernt und gearbeitet.

Astrid Köhler
Schade, dass der Plan, einen kleinen Teil der Fassade zu restaurieren und unter Glas in die Metallfassade zu integrieren, nicht umgesetzt wurde.

Tobias Beckstein
Man kann das Stück alte Fassade im Treppenhaus auf der Ringseite sehen.

140 ▲ Das alte Konsument-Warenhaus, die »Blechbüchse«, wurde abgerissen, um Platz für die »Höfe am Brühl« zu machen. Hans-Peter Banitz hielt auf einem Foto fest, wie bei den Arbeiten die Überreste der alten Fassade zum Vorschein kamen.

151

▲ Die 1240 geweihte Paulinerkirche war eines der letzten Bauwerke aus dem mittelalterlichen Leipzig. Alfred Richter hat sie 1964 fotografiert. Vier Jahre später wurde sie gesprengt, um dem Neubau der Universität Platz zu machen.

Abrissbirne und Beton: Leipzig wird zur Sozialistischen Stadt umgebaut

Die Leipziger Innenstadt wurde durch die Bomben des Zweiten Weltkriegs schwer beschädigt. Der Hauptbahnhof lag in Trümmern, das Alte Rathaus hatte kein Dach mehr. Das Neue Theater war so zerstört, dass die Trümmerbahn später gleich direkt in das Gebäude hineinfuhr. So berichten es Zeitzeugen.

Was sollte mit dem vormals schönen Leipzig mit seiner reichen Baugeschichte und den vielen repräsentativen Bauten und Palästen geschehen? Die neue DDR-Verwaltung der Stadt war sich zunächst uneins. Einerseits wollte sie wichtige, das Stadtbild prägende Baudenkmale erhalten, was ihr in einigen Fällen auch gelang, etwa bei den beiden Rathäusern oder dem Bahnhof. Die Alte Waage an der Nordseite des Marktes wurde sogar komplett wieder aufgebaut. Andererseits sollte Leipzig aber eine Sozialistische Stadt werden. Das Bauen begann.

Für die neuen, großzügigeren, moderneren Gebäude musste das Alte weichen. Einige Leipziger machten sich deshalb schon in den 1950ern große Sorgen um das historische Bauerbe. Wegen der antireligiösen Haltung der SED fürchteten viele um die 700 Jahre alte Universitätskirche St. Pauli, die im Krieg nur leicht beschädigt worden war. Eine breite Öffentlichkeit erfuhr erst im Jahre 1960 durch eine Ausstellung davon, dass die Paulinerkirche zum Abriss bestimmt war. Studenten, Theologen und Denkmalschützer protestierten. Doch die Bagger hatten sich in Bewegung gesetzt. Die Ruine des Bildermuseums, ein reich verzierter Bau, fiel 1962. Mittels einer Sprengung wurde der Johanniskirchturm am 9. Mai 1963 beseitigt. Zuvor sollte er eigentlich als Mahnmal gegen den Krieg erhalten bleiben, man hatte dafür 1956 sogar das zerstörte Dach erneuert. Später folgten das Messehaus Union am Hallischen Tor, Deutrichs Hof in der Reichsstraße und weitere.

Gegen die Sprengung der Universitätskirche, einem der ältesten erhaltenen Gebäude der Stadt, regte sich trotz staatlicher Verfolgung der Kritiker anhaltender Protest. Dass sie nach geheim erfolgter Planung am 30. Mai 1968 schließlich dennoch durchgesetzt wurde, haben viele Leipziger nie vergessen. Kaum ein anderer Akt der Zerstörung hat die Erinnerung an das Regime der DDR in der Stadt derart geprägt. Die imposanten neuen Hochhäuser, die später entstanden, änderten daran wenig.

Kath Rin
Wow. Ich bin erst 1967 geboren und kenne den Uni-Campus aus den 50ern daher nicht. Ich muss aber sagen: Das Gebäude sah toll aus.

Sissi Silberstein
Ein wunderschönes Foto! Erinnere mich an den imposanten Uni-Bau und seine Figuren, an dem ich als Kind mit meiner Mutter vorbeiging. Ich wurde '57 geboren.

91 ▲ Auf dem Foto von Gerhard Firscher sehen wir das alte Universitäts-Hauptgebäude und die Paulinerkirche in den 1950ern. Es war wohl gerade Messe, daher die bunten Tafeln im Vordergrund.

Andreas Oehmisch
Das ist der Paulinerhof. Links befand sich die Paulinerkirche, deswegen der Name.

Thomas Rödel
Was ist denn das für ein Auto auf dem Foto?

Frank Rohn
Das ist ein Zündapp Janus, Baujahr 1957/58, allerdings weniger ein Auto, eher ein Kabinenroller mit zwei Türen (vorn und hinten!), erinnert an den doppelgesichtigen Januskopf.

46 👍 ▲ Marika Geißenhöner schickt uns diese Postkarte von 1961, auf der der Hof der alten Universität zu sehen ist. Nach der Sprengung der Paulinerkirche 1968 wurden die alten Gebäude abgerissen.

Sissi Silberstein
Danke für die Fotos. 1968, eh ein heftiges Jahr. Eine so sinnlose Aktion.

Steffi Brock
Wie schade! Gut, dass das jemand fotografiert hat.

125

▲ Mit keinem anderen Akt der Zerstörung hat sich die SED-Regierung bei den Leipzigern derart unbeliebt gemacht, wie mit der Sprengung der Paulinerkirche. Udo Wellhausen schreibt uns, er war im Mai 1968 derart empört, dass er Fotografien von den Vorarbeiten der Zerstörung machte. Die rote Staubfahne im linken Bild kam vom Bohren der Sprenglöcher.

Sissi Silberstein
... macht mich heute noch wütend. Hauptsache, man hatte seine Macht und vermeintliche Überlegenheit demonstriert ...

Steffi Brock
Dieses Hauptgebäude der Universität sah doch wirklich toll aus. Warum hat man nicht wenigstens die Karyatiden-Figuren aufbewahrt?

85 👍 ▲ Da lag sie in Trümmern: Pixpast.com hat dieses Foto der gesprengten Universitätskirche zur Verfügung gestellt, vielen Dank.

Re Né
Wo ist die Glocke heute?

Leipzig-Album
Wir haben mal beim Paulinerverein nach der Glocke gefragt und erfahren: Sie hängt heute wieder im Neubau in der Uni.

40 👍 ▲ ▶ Heimlich fotografierte Klaus Weise, wie das Leibniz-Denkmal und die Glocke der Paulinerkirche nach der Sprengung in Stötteritz unter freiem Himmel gelagert wurden.

Jens Willnow
Ein wunderbares Foto, klasse!

72 👍

◀ Wie schmal der Leipziger Innenstadtring einmal war, kann man gut auf diesem Foto von Johannes Schulze erkennen. Vom Dach der Oper fotografierte er 1960 die Arbeiten zur neuen Bebauung des Georgirings.
Unten: Die Gegend heute. (Foto: Armin Kühne)

70 👍

▶ Wo später das Hotel Deutschland errichtet wurde, stehen hier noch Flachbauten. Danke an Johannes Schulze auch für dieses Foto von 1960. (Foto unten: Armin Kühne)

Petra Wohlleben
Das ist ja Wahnsinn. Ich hätte das nie als Karl-Marx-Platz erkannt. Toll, solche Bilder mal zu sehen!

Peter Söffner
Zwischen dem heutigen Hotel und dem Europa-Hochhaus verlief eine Gasse, die auch hier sichtbar ist, dann aber mit dem Hotel überbaut wurde. Weiß jemand den Namen?

Steffen Ka
Das war die Johannisgasse.

Angelika Pohle
Wir nannten ihn den hohlen Zahn.

157 👍

◄ ▼ Das Kirchenschiff der Johanniskirche wurde im Krieg zerstört, übrig blieb nur der barocke Turm, den Gerhard Fischer hier fotografiert hat. Zunächst sollte er als Mahnmal erhalten bleiben und bekam in den 1950er-Jahren ein neues Dach, um ihn gegen den weiteren Verfall zu schützen.

Bernd Lollo
Es gab mal eine Zeit, da wollte man die Johanniskirche weiter als Bachgruft verwenden, indem man an den Kirchturm einen neuen Altarraum anbaut. Daraus wurde bekanntlich nichts. Man erhielt den Turm, der dann gesprengt wurde und Bach kam 1950 in die Thomaskirche.

Heiko Krüger
Schön zu sehen, was es alles in der Stadt gab und was teilweise viele Kriege und Jahrhunderte überstand. Traurig ist nur, was dann 40 Jahren DDR nicht standhalten konnte.

27

▲▶ Am 9. Mai 1963 wurde der Turm dann, für die Öffentlichkeit überraschend, plötzlich gesprengt. Wolfgang Schenk hielt diesen Moment auf einem Foto fest.

Steffi Brock
War das Bildermuseum denn noch so gut erhalten wie auf dem ersten Bild? Wer weiß das noch?

Lukas Zahn
Meines Erachtens wurde die Ruine des Bildermuseums 1963 abgerissen. Die Außenhülle scheint noch halbwegs intakt gewesen zu sein. Ein Wiederaufbau wäre sicher auch lohnend gewesen.

52 👍

◂ Der gelernte Maurer und studierte Bauingenieur Wolfgang Schenk hielt bauliche Veränderungen der Leipziger Innenstadt fest, etwa den Abbruch der Ruine des alten Leipziger Bildermuseums an der Südseite des Karl-Marx-Platzes.

Claus Peter Engler
Ja, fast die gesamte Außenfläche war noch vorhanden. Drinnen standen nur noch wenige Wände. Ich hab als Kind dort immer an der Haltestelle zwischen Unikirche und Bildermuseum auf die 11 oder 28 gewartet.

136

▶ Dort, wo sich heute am Hallischen Tor die Höfe am Brühl und das Hotel Mariott gegenüberstehen, stand früher das Messehaus Union. Im September 1968 wurde es abgerissen, um dem dritten Wohnhochhaus am Brühl Platz zu machen. Die Arbeiten mit der Abrisskugel gestalteten sich kompliziert (vielen Dank an Wolfgang Schenk für dieses Foto).

Peter Söffner
Ich sah, dass das Messehaus mit einer »Bumskugel« aus Beton eingeschubst wurde.

Denis Hoffmann
Wieso haben sie nur die schönen Häuser alle abgerissen?

Lukas Zahn
Die Abrissarbeiten hatten mich als Siebenjährigen schwer beeindruckt, als ich mit meinem Vater dort zufällig vorbeikam, keines der auf dem Foto zu sehenden Gebäude steht mehr.

76

◄ Ein Blick in den Leipziger Osten: Günter Wächtler schickt dieses schöne Foto vom 18. Februar 1978, als die Markuskirche an der Dresdner Straße (damals Straße der Befreiung) gerade noch steht. Sie wurde etwa eine Woche später gesprengt.

Jens Willnow
Das Foto ist ja absolut genial! So kenne ich die Dresdner Straße noch mit der Markuskirche.

Rosmarie Thiele
Kann mir nicht erklären, was das für ein Kirchturm daneben sein soll.

Heiko Schaaf
Das ist der kleine spitze Turm vom Kirchenschiff Richtung Lilienstraße.

Martina Brauße
Hier bin ich damals noch getauft worden. Es war eine schöne Kirche.

Marion Weiße
Ach, unsere Markuskirche, schade darum.

117

◄ Am 16. Februar 1978 entstand dieses Foto der Reudnitzer Markuskirche. Weil die Sanierung des baufälligen Gotteshauses zu teuer erschien, wurde es wenige Wochen später abgerissen. Vielen Dank an Dietlinde und Günter Bergmann für diese Aufnahme.

▲ Die Dresdner Straße heute ohne Kirche, nur das Pfarrhaus steht noch (Foto: Armin Kühne).

78 ▲ Armin Kühne hielt fest, wie sich das fast fertiggestellte Hochhaus vom Hotel Merkur in die Leipziger Skyline einfügte.

Sylvia Hahnl
Oben befand sich doch ein Restaurant. Da kann ich mich noch gut erinnern. Man kam nur mit guter Garderobe rein.

188 👍

▲ Von Wolfgang Schenk stammt dieses Foto aus dem Juli 1971: Am Uni-Riesen wird die Fassade montiert.

Peter Zwenkau
Interessant, wo der IKARUS seinen Parkplatz gewählt hat. :-)

127 👍

▲ Wolfgang Schenk hielt auf Foto fest, wie das Wintergarten-Hochhaus im Juli 1971 nahezu fertiggestellt war.

77 👍

◄ 27 Etagen hat das Merkur, heute The Westin Hotel, an der Gerberstraße. Das japanische Unternehmen Kajima Corporation baute den Turm von 1978 bis 1981 im Auftrag der DDR. Bernd Heyne kam mit seiner Kamera vorbei, als die Arbeiten noch in vollem Gang waren.

Susan Mezni
Ja, beispielsweise im März 1965, als meine Mutter mit mir schwanger war und sehr viel Schnee lag. Da hat die Frau für meine Mutter sogar noch Strümpfe gestrickt.

▲ Für Leipzig waren die Messen immer ein Fenster zur Welt. Vielen Dank an Alfred Richter für dieses Bild von 1965. Habt ihr auch mal privat Messegäste beherbergt?

Uwe Winkler
Klar, in den 1970ern. Die Eltern zogen auf die Couch um und das Schlafzimmer wurde für ein paar Tage vermietet. Für uns Kinder war das immer hochspannend.

Die Welt zu Gast: Leipzig und die Messen

Während die Mauer die allermeisten DDR-Bewohner vom Westen trennte, öffnete sich für die Leipziger zwei Mal pro Jahr ein kleines Fenster im Eisernen Vorhang: Zu den Frühjahrs- und den Herbstmessen strömten Tausende internationale Besucher in die Stadt und stellten dort neueste Erzeugnisse vor. Darunter waren auch die jüngsten Produkte der Konsumgüterindustrie. Auf den Straßen konnte man dann die Autos westlicher Besucher bestaunen, sportliche Cabriolets etwa oder die berühmten Mercedes. Und am Flughafen landete ab 1986 zu den Messen regelmäßig das schnellste Passagierflugzeug der Welt: die Concorde.

Wenn eine Messe anstand, putzte sich die Stadt heraus. Im Zentrum wurden Reklamebanner aufgehängt, die für die Erzeugnisse der heimischen Wirtschaft warben – und nebenbei Ruinen oder Baulücken kaschierten. In den Läden der Innenstadt gab es seltene Südfrüchte wie Pfirsiche zu kaufen und Hotels, Restaurants und Kneipen erhielten Sonderlieferungen, um die Messebesucher für DDR-Verhältnisse vornehm verköstigen zu können. Nicht zuletzt boten die Schauen eine gute Gelegenheit für die Leipziger, um an Devisen zu gelangen. Wer ein Zimmer an Gäste aus dem Westen vermietete oder anlässlich der Messe Besuch von Verwandtschaft aus der BRD erhielt, bekam dadurch wertvolle D-Mark, die anschließend in den Intershops der Stadt ausgegeben wurden. So konnten die Leipziger mehr als alle anderen den Lebensstandard der DDR mit dem des Westens vergleichen.

Die Tradition der Leipziger Messen reicht weit zurück ins Mittelalter, als sich die Herren der Stadt und des Landes Sachsen erfolgreich bei Kaiser Maximilian I. dafür einsetzten, dass der Herrscher 1497 Konkurrenten wie Halle oder Magdeburg die Ausrichtung ähnlicher Jahrmärkte verbot. Waren die Messen ursprünglich ein großer Umschlagplatz für Waren, entwickelten sie sich durch die Industrialisierung zur Mustermesse. Nun brachten die Händler nicht mehr ihr gesamtes Angebot nach Leipzig, um es dort zu verkaufen. Stattdessen präsentierten sie einzelne Warenmuster und nahmen Bestellungen entgegen. Geliefert wurde nach der Messe direkt an die Kunden. Die Abkürzung MM für Mustermesse bildet bis heute das Logo der Leipziger Messe. Verändert hat sich dagegen immer wieder der Ort: Waren zunächst die Messepaläste in der Innenstadt das Zentrum der Ausstellungen, kam ab 1913 das heutige Alte Messegelände im Südosten der Stadt hinzu. Seit 1996 werden die Schauen auf der Neuen Messe im Norden abgehalten.

Karin Dornblut
Das waren tolle Zeiten!

Steffen König
Jetzt ist ein Möbelhaus an der gleichen Stelle. Aber das MM ist noch da. :-)

249

▲ Ein Messetag in den 1980ern – Armin Kühne fotografierte Haltestelle und Eingangsbereich der Technischen Messe an der Leninstraße.

67

▲ S. M. Kirow präsentierte seine Eisenbahnkräne oft am Osteingang zur Technischen Messe. Das Plagwitzer Traditionsunternehmen ist bis heute auf seinem Gebiet Weltmarktführer. (Foto: Alfred Richter)

30

◄ Gerhard Fischer war in den 1950ern mit seiner Kamera und einem Diafilm zu Besuch auf der Technischen Messe (heute Altes Messegelände).

Matthias Werner
Die Kräne im vorderen Bildrand wurden bei S.M. Kirow gebaut. Nicht viele Firmen in Leipzig können von sich sagen, dass es sie schon zu DDR-Zeiten gab.

Peter Taute
Das war die rumänische Freifläche, sie zeigten Landmaschinen und Klein-Transporter. Ich hatte da von der Berufsschule mal eine Freikarte. Im Hintergrund sieht man die Fläche von Ungarn mit dem damals neuen D4K Schlepper.

35

► Trubel auf der Messe 1965 – könnt ihr erkennen, was hier alles ausgestellt wird? Danke für das Dia, Alfred Richter.

◄ Das Messemännchen fotografiert von Dietlinde und Günter Bergmann.

▲ Vielen Dank an Dieter Tack von der Gesellschaft zur Bewahrung von Stätten deutscher Luftfahrtgeschichte, der uns anlässlich des 20. Jahrestags der ersten Concorde-Landung dieses Foto schickte.

80

▲ Da stand sie 1986 zum ersten Mal am Flughafen Leipzig: Vielen Dank für das Concord-Foto von Peter Pätzold.

Christine Reithe
Da waren wir mit Kollegen auch dabei. Ein Kollege besaß unweit der Landebahn ein Gartengrundstück, das war für uns der Platz in der ersten Reihe …

Achtundsechzig Er
Ich hab im Dunkeln die Landung mit angeschaut.

AIR FRANCE INTERFLUG DEUTSCHE DEMOKRATISCHE REPUBLIK

FOIRE INTERNATIONALE DU PRINTEMPS

LEIPZIG

Du 16 Mars au 22 Mars 1986

VOLS RÉALISÉS CONJOINTEMENT PAR AIR FRANCE ET INTERFLUG

PARIS/Orly Sud ⟶ LEIPZIG (en heures locales)

Dates	Numéro de vol	Heure de départ ORLY/Sud	Heure d'arrivée LEIPZIG
Vols quotidiens du Sam 15 Mars au Sam 22 Mars	AF/IF 708	07.50	09.35

LEIPZIG/Schkeuditz ⟶ PARIS/Orly Sud (en heures locales)

Dates	Numéro de vol	Heure de départ LEIPZIG	Heure d'arrivée ORLY/Sud
Vols quotidiens du Sam 15 Mars au Sam 22 Mars	IF/AF 709	19.00	20.45

Prix aller et retour < en première classe : **4 850 F** / en classe économique : **3 590 F**

VOL CONCORDE (en supersonique sur la Mer du Nord)

PARIS/Charles de Gaulle ⟶ LEIPZIG (en heures locales)

Date	Numéro de vol	Heure de départ CDG 2 A	Heure d'arrivée LEIPZIG
Mardi 18 Mars	AF 4778	08.30	10.35

LEIPZIG/Schkeuditz ⟶ PARIS/Charles de Gaulle (en heures locales)

Date	Numéro de vol	Heure de départ LEIPZIG	Heure d'arrivée ORLY/Sud
Mardi 18 Mars	AF 4779	21.30	23.00

Prix aller et retour : 6 300 F.

A PARIS CORRESPONDANCES AVEC LE RÉSEAU MONDIAL D'AIR FRANCE

Pour tout renseignement ou réservation interrogez votre Agent de Voyages ou 45 35 61 61

Représentation AIR FRANCE à la Foire : INTERFLUG

AGENCE	Bureau de la Foire	Point de rencontre Pour les étrangers
Sachsenplatz-1 Telefon: 28 62 02 Reservation 28 62 24 28 62 46 Informations	Hall 16 Téléphone 856 02 Informations 8613285	Universitattstraße 5 Telefon 29 53 36 Informations 29 36 54 sur vols

Jo Dremel
Ich hab damals am Radar gearbeitet. Als die Concorde die letzten Meter des Landeanfluges absolvierte, war kein Radarlotse mehr an seinem Arbeitsplatz. Wir durften dann die Concorde auch von innen besichtigen. Leider habe ich keine Fotos. Infolge flog die »Supersonic« bis 1990 an jeden Messedienstag morgens Leipzig an und abends wieder Retour. Es war absolut genial, den Start in unmittelbarer Nähe zu erleben.

David Wiechoczek
Bin nun eher Seemann, aber von allen Fliegern ist die Concorde von jeher mein Traumflieger gewesen. Bin leider nie mitgeflogen. Denke, von außen ist sie hübscher.

60

▶ Auch Host Liebing war beim ersten Concorde-Besuch 1986 dabei, und machte dieses schöne Dia von den Schaulustigen am Flughafenzaun.

Uta Förster
Der 311er de Luxe wurde ab 1957 gebaut und hatte Chromzierleisten außen und innen. Bis 1964 hatte er auch Deckleisten aus Buchenholz an den Türen, später gab es einen Kunstlederüberzug. Leider sieht man das Logo vorne auf der Motorhaube nicht genau, da gab es auch den Unterschied, ob es farbig oder schwarz gehalten war.

51

◀ Günter Schwanke war mit einem Fotoapparat auch auf der Messe und war dabei, als der Wartburg 311 an diesem Stand präsentiert wurde. Wann könnte das gewesen sein?

Eberhard Ventura
Der Wartburg 311 hält da ordentlich mit!

Lothar Fesser
Aber nicht der P70 dahinter.

Eberhard Ventura
Richtig, Lothar, da ging es schon abwärts!

68

▶ Messe-Besucher aus dem Westen zeigten gerne ihre Autos – und die Leipziger gingen auf Fotojagd. Vielen Dank an Ralf Tauchnitz, der uns dieses wahrscheinlich 1960 entstandene Dia zur Verfügung gestellt hat.

55

◄ Mit einem Mercedes konnte man schon immer Eindruck schinden. Vielen Dank für das Foto, Ralf Tauchnitz.

Diethard Hundeshagen
Manchmal lag zur Frühjahrsmesse noch Schnee. Westautos aus den Schneewehen zu schieben, brachte Valuta zum Taschengeld.

33

► Dieser Westbesucher kam mit einem sportlichen Alfa Romeo nach Leipzig. Danke, Baldur Scheinert.

Heiko Krüger
Ich denke eher, die Olsen-Bande war in der Stadt.

102

◄ Aus der Fotosammlung von Wieland Paul: Niederländer mit großen amerikanischen Wagen zu Besuch in der Stadt. Unsere Leser erkennen sofort einen Chevrolet Bel Air, das Auto der Olsen-Bande.

Ute Nitsche
Das ist ein ROBUR, die wurden in Zittau gebaut.

Daniel Grötzsch
Dort wird der LO1800 beworben.

Mathias Kunze
Richtig, das ist einer aus der 1800er-Serie, erkennbar am Kühlergrill.

206 👍

◀ Aber auch die Leipziger präsentierten zur Messe gerne Fahrzeuge – mitunter in ungewöhnlichen Posen, wie das Foto von Gerhard Fischer zeigt. Welcher Typ Kleinlaster wird dort beworben?

Karin Grießbach
Das Gelände der Alten Messe war ein Mikrokosmos mit einem ganz besonderen Flair. Ich habe fünf Jahre dort in der Halle 17 gearbeitet, in der Verkaufsstelle und am Imbiss. Wir hatten viel Stress, aber es war ein wunderbares Arbeiten, das habe ich nie wieder erlebt.

65 👍

▶ Ein Messetag in den 1960er-Jahren, fotografiert von Günter Schwanke. Sein Enkel Steffen schreibt uns: »Die Linie 25E fuhr (nur zur Messe) von Probstheida nach Lindenau in die Plautstraße. Der Bus im Vordergrund fährt nach oder kommt aus Warschau.«

77 ▲ Bei Messe-Besuchern bewarben Banner die Produkte der volkseigenen Betriebe. Bernd Heyne fertigte als Gebrauchsgrafiker im Auftrag seiner Kunden eben solche Werbungen an, die hier in der Hainstraße hängen.

Christian Damm
Da ganz hinten rechts war der Briefschalter. Dort hab ich in den letzten großen Ferien meiner Schulzeit einen Ferienjob gemacht. Ich war sehr stolz, als ich auch mal den Sammlern ihre Ersttagsbriefe stempeln durfte. Von den meisten gab es zwei Mark dafür, manchmal auch mehr.

Claus Peter Engler
Ich erinnere mich noch genau: Als Kind war ich oft in der großen Halle, die immer fast leer war.

▲ Die alte Hauptpost wird heute zu Wohnungen und Geschäftsräumen umgebaut. 1989 diente sie noch der Annahme und Ausgabe von Postsendungen. Armin Kühne fotografierte den Paketschalter. Von der Wand grüßen die Thälmann-Pioniere.

Leben und Arbeit jenseits der Innenstadt: Leipziger Alltag

Nicht nur die Innenstadt war ein beliebter Ort zum Einkaufen oder Ausgehen. Auch außerhalb des Zentrums gab es lebendige Straßen, die einerseits Mittelpunkt für das umgebende Wohnviertel, andererseits in der ganzen Stadt bekannt waren. Wer sein Leben in der Messestadt verbracht hat, kann viele Episoden darüber erzählen, wie es mal war, damals im Leipziger Osten, Süden, Westen oder Norden.

In Erinnerung geblieben sind besonders die Orte, die sich stark verändert haben. Da ist die frühere Ernst-Thälmann-, heute wieder Eisenbahnstraße. Manch einer schwärmt von den vielen kleinen Geschäften, unter ihnen Bäcker, Fleischer, ein Modellbahnladen, vom Kino Wintergarten, der Eisdiele Adria oder der Broilerbar, die es damals dort gab. Andere erinnern sich daran, wie die umgebenden Gründerzeitviertel in Neustadt-Neuschönefeld, Reudnitz-Thonberg oder Volkmarsdorf langsam verfielen. Wer selbst in der Gegend wohnte, hat oft eine vertraute Nachbarschaft erlebt. Musste man in den Altbauten noch bis nach der Wende mit Kohlen heizen, nicht selten auch auf ein Bad verzichten, so waren die zum Ende der DDR hin verschmähten Wohnungen beliebt bei Studenten und Künstlern, die sich hier eigene Refugien schufen. Wer blieb, musste selbst dafür sorgen, dass es schöner wurde, und baute mit seinen Nachbarn beispielsweise einen Spielplatz für die Kinder oder gestaltete im Hinterhof Flächen für die Hausgemeinschaft.

Verschwunden sind auch viele Betriebe, die Schüler im Rahmen ihrer Unterrichtstage in sozialistischer Produktion (UTP, später »Produktive Arbeit«) kennengelernt haben. Alte Fabriken, heute nicht selten zu luxuriösen Wohnanlagen umgebaut, waren damals noch eng und laut, manchmal roch es nach Chemie, oft war es dreckig.

Zum Glück bot Leipzig schon immer viele Vergnügungen, bei denen man den grauen Alltag hinter sich lassen konnte. Wenn es sonst viele Probleme gab, bei einem Besuch im Zoo ließen sie sich für einige Zeit vergessen. Zur schönen Jahreszeit lockten die Leipziger Kleinmesse mit ihren Kinderkarussells und Fahrgeschäften oder Ausflugslokale im Wald. Bockwurst und Fassbrause, etwa im Wilden Mann im Leutzscher Holz, sind bis heute Bestandteil vieler Kindheitserinnerungen.

Andreas Funke
Da gab es wirklich alles! Angefangen von den vielen Eckkneipen, wie beispielsweise Kaffee Hartmann, zwei Kinos, Fleischer, Bäcker, Gemüseladen, Konsum, Zoofachhandel, Modelleisenbahn, Schreibwaren, Broilerbar und mehr.

Claire Brunotte
Flax und Krümel, ein Kindermodegeschäft, gab es da.

Leo Karlsquelle
Das Kino Wintergarten, dort waren wir fast jeden Sonntag um 10 Uhr zur Kindervorstellung.

78

▲ Von Harald Stein bekamen wir dieses Foto von der Ernst-Thälmann-Straße (die heute wieder Eisenbahnstraße heißt). Oft wird erzählt, dass die Magistrale damals beliebt zum Einkaufen war. Was gab es dort?

86

▲ Das Foto von Günter Bergmann erlaubt uns einen Blick in die Erich-Ferl-Straße im März 1978. Damals wie heute war Reudnitz eine sehr belebte Gegend.

Silvia Schröder
Vorn links war ein Geschäft für Stoffe, dann kam noch ein Lampenladen, ein Konsum. Rechts hinten an der Ecke war Fahrrad-Hempel.

Steffi Pfaudi
Ja, der Stoffladen von Inge Fix. Da konnte man schöne Stoffe finden, wenn man selbst geschneidert hat.

Sissi Silberstein
Etwa 100 Meter auf der linken Straßenseite war so ein merkwürdiger Hausdurchgang Richtung Volkmarsdorf und gegenüber ging es in Richtung Richard-Wagner-Schule. Die Straßenbeleuchtung war schlecht. Ich hab mich immer gefürchtet, wenn ich dort lang musste. Ganz hinten an der Torgauer-/Konradstr. war Schuh-Keller mit einem Schaukelpferd für Kinder.

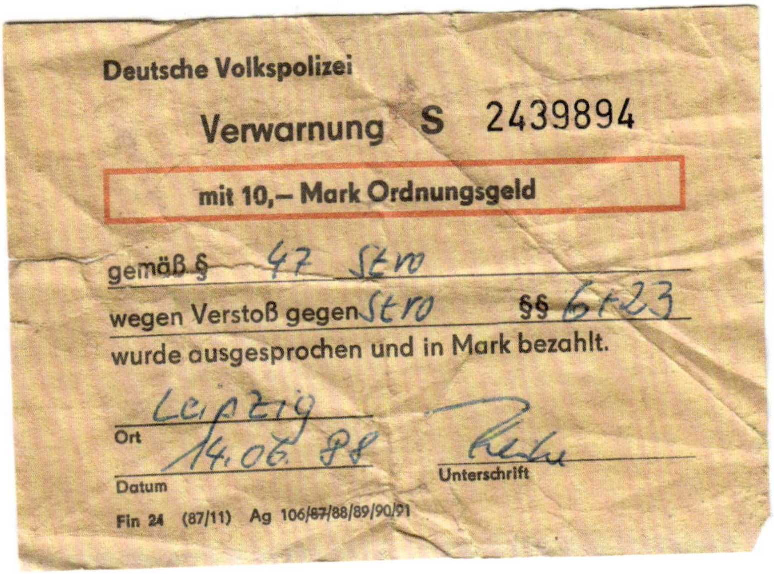

Deutsche Volkspolizei

Verwarnung S 2439894

mit 10,– Mark Ordnungsgeld

gemäß § 47 StVO

wegen Verstoß gegen StVO §§ 6/23

wurde ausgesprochen und in Mark bezahlt.

Leipzig
Ort

14.06.88
Datum

Unterschrift

Fin 24 (87/11) Ag 106/87/88/89/90/91

◄ 10 Mark Ordnungsgeld: András Reibl hat diesen Verwarnzettel aufgehoben, als er einmal gegen die Straßenverkehrsordnung verstieß.

61

▶ Uwe Schlegel erinnert sich mit gemischten Gefühlen an seinen Besuch der einstmals größten Leipziger Druckerei Interdruck während einer Jugendweihestunde 1975. Er schreibt: »Schon im Empfangsbereich des Haupteingangs roch es intensiv nach chemischen Substanzen. Im Drucksaal selbst, wo die großen Tiefdruckmaschinen standen, war der Lärm und Gestank unerträglich. Später habe ich erfahren, dass es sich dabei um hochgiftige Lösungsmittel für Tiefdruckfarben wie Toluol und Xylol gehandelt haben soll.« Wart ihr auch mal bei Interdruck zu Besuch?

Karin Knir
Wir hatten dort »Einführung in die sozialistische Produktion« in den 1960ern, irgendwo in diesem großen Haus.

Dirk Fischer
Ich hab dort gelernt und gearbeitet. Intensives Inhalieren von Toluoldämpfen konnte dazu führen, dass die Welt wunderbar war. Da die Abluft der Druckmaschinen nicht richtig funktionierte, war es, aus heutiger Sicht, lebensgefährlich. Aber ich lebe noch.

Thomas Rödel
Heute stinkt es bestimmt nicht mehr, denn das Gebäude ist saniert und wirbt mit Wohnungen für 700 Euro Kaltmiete!

▲ So sieht das Gebäude heute aus. Danke Hannelore Eisenberger!

Claus Peter Engler
Da habe ich in den großen Ferien gearbeitet. War eine schwere aber interessante Tätigkeit.

119 👍

◀ Wer erinnert sich an die Zeit, als der Leipziger Kohlrabizirkus noch eine Großmarkthalle war? Vielen Dank an Günther Sachse, der im Juli 1982 dieses Dia aus dem Wohnblock Tarostraße 20 aufnahm.

Heike Diebler
Die Obst-Gemüse-Speisekartoffel war unsere Patenbrigade. Als Gastgeschenke gab es für uns immer Obst. Damals überraschte mich, wie kalt es in den Hallen war. Die Mitarbeiter waren alle dick in Wattejacken gepackt.

65 👍

▶ Dietlinde und Günter Bergmann schickten uns dieses Foto der Buntgarnwerke an der Weißen Elster und der Einfahrt zum Karl-Heine-Kanal. Wurde in der mittlerweile zu Wohnungen umgebauten Fabrik in Plagwitz 1982 noch gearbeitet?

Annette Probst
Ja, ich habe dort von 1982–1984 gelernt und bis 1991 in der Verwaltung gearbeitet. Die Buntgarnwerke wurden dann umgewidmet und zur Buga-Partner Verwaltungs GmbH. Die Produktion wurde 1990 eingestellt.

Martina Brauße
Ich war auch bis 1990 bei den Buntgarnwerken beschäftigt. Das Gebäude links war ganz früher mal eine Reiter-Kaserne, danach war ein Kürschnerbetrieb drin und zum Schluss wohnten dann Leute in dem Haus.

76

▲▶ Susanne Ullrich erinnert sich gern an ihre Zeit im »Räuber-Osten«. Von 1974 bis 1992 wohnte sie mit ihrer Familie im Eckhaus am Neustädter Markt 4 (Foto von 1992).

Peter Zwenkau
Das waren noch Gemeinschaften. Zu dieser Zeit gab es das nicht, dass Menschen sterben und es bekommt lange keiner mit. Heute leben wir doch anonym in den Häusern und man kennt nicht einmal die eigenen Nachbarn.

37

▲▶ Zwölf Familien zählten zur Hausgemeinschaft (Teile davon bei einem Sommerfest 1982 rechts oben). Ehrenamtlich haben die Nachbarn den Spielplatz vor dem Haus gestaltet (Teile der Gruppe rechts unten). »Wir haben auch gemeinsam gefeiert und uns bei der Betreuung der Kinder unterstützt«, schreibt uns Susanne Ullrich.

Peter Oberhof
»SilberPils« von SachsenBräu – ein furchtbares Zeug.

Thomas Freyer
Das »SilberPils« wurde unter Kennern und im Volksmund auch flüssiger Kopfschmerz genannt.

38

◀ Baldur Scheinert schickt uns dieses Dia von einer großen Getränkewerbung an einem Messetag im Herbst 1961. Leider hat das Bild über die Jahre etwas gelitten – könnt ihr noch erkennen, welches Bier hier neben der Vita Cola beworben wird?

Rita Thiele
Ich kenne noch die Walzerfahrt zum Mond, das war dann etwas später, in den 60er-Jahren auf der Kleinmesse.

Andreas Linzner
Die Walzerfahrt gab es auch in den Siebzigern noch.

92

▲ Einen Ausflug zur Kleinmesse unternahm Herbert Wellhausen mit seiner Dia-Kamera. Das Bild wurde wahrscheinlich nach 1949 aufgenommen. Kennt von euch noch jemand die »Raketenfahrt zum Mond«?

Bernd Brade
20 Pfennige kostete damals die Fahrt für Kinder.

66

◀ Von Bernd Heyne bekamen wir dieses schöne Bild einer Frühjahrskleinmesse in den 1970ern.

Paul Puckelwarz
Da gibt es so viel zu sehen: Die Leute haben sich schick angezogen. Alle Frauen im Kleid, die Männer und kleinen Jungs im Hemd. Ein Besuch auf der Kleinmesse war etwas Besonderes. Da haben wir uns lange drauf gefreut.

38

▶ Herbert Wellhausen schickt uns diese alte Aufnahme vom Forsthaus Raschwitz. Bis wann war das eine große Ausflugsgaststätte?

Thomas Albrecht
Eröffnet wurde das Ausflugslokal »Forsthaus Raschwitz« im Jahre 1898. Das Foto dürfte aus den 40er- oder 50er-Jahren stammen.

Peter Zwenkau
Die Gaststätte war bis 1990 in Betrieb. Von 1994 bis 16. Oktober 1997 wurde das Gebäude für sechs Millionen DM saniert.

Simone Karras
Pflichtziel für alle umliegenden Schulen an Wandertragen.

Lothar Fesser
Waldmeisterlimo und Fischbrötchen!

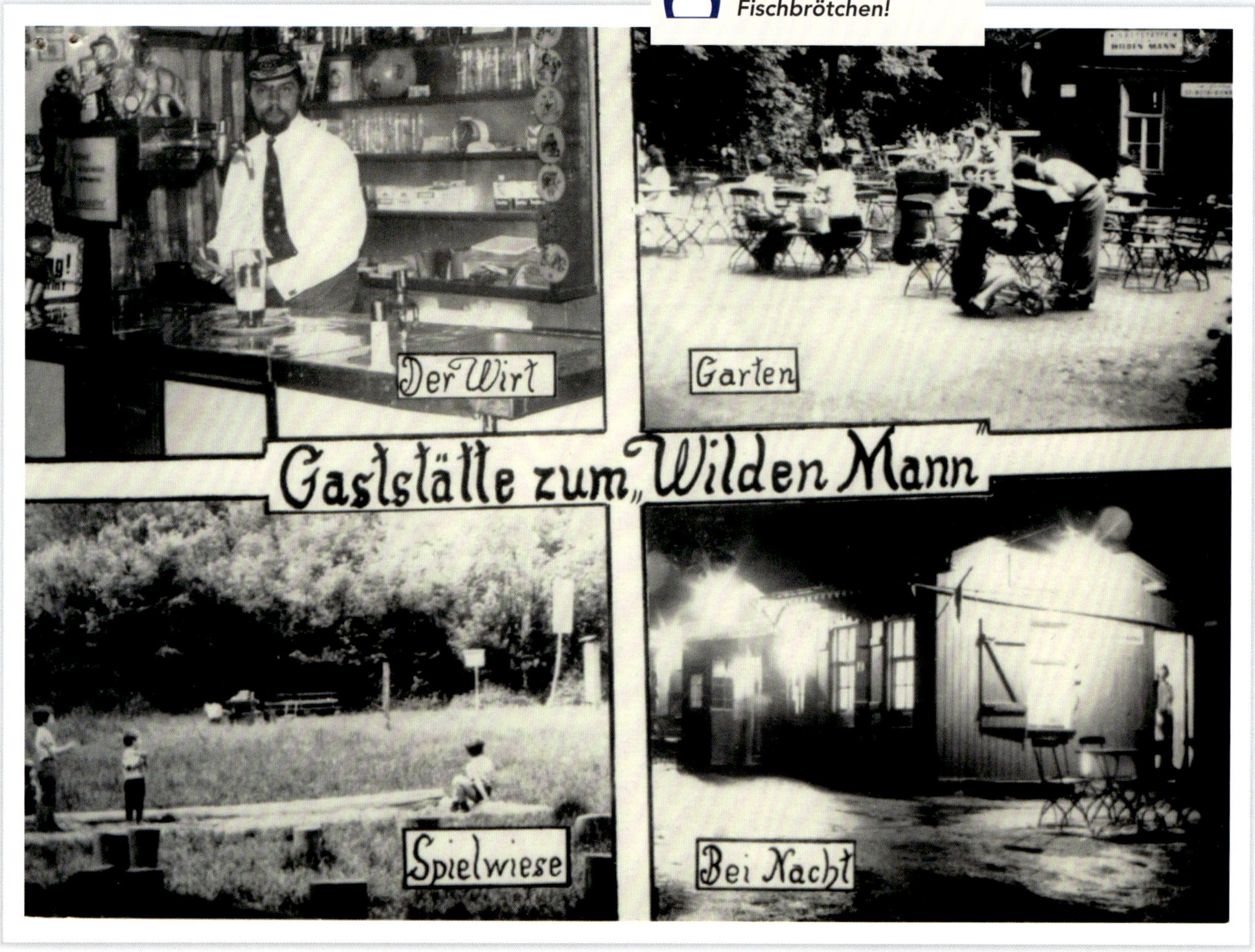

92

▲ »Wer kennt ihn noch, den Wilden Mann?«, fragt Jens Laube, der uns diese Bilder der Kneipe im Leutzscher Holz schickt. »Pflichtbesuch vor jedem Chemiespiel«, sagt er. Aufgenommen wurden die Fotos in den 60er-Jahren.

Sabine Leuschner
Mein Papa war immer zum Spiel bei Chemie und wir in der Zeit bin wilden Mann leckere Bockwurst essen.

Wolfgang Dölz
War mit meinen Kindern oft dort. Auf dem Tresen stand ein Glas mit Soleiern. Die kennt heute kaum noch jemand. Danke für das Foto, das ist ein Schatz!

140 ▲▶ Die Parkbahn am Auensee: An ihrem 30. Geburtstag, 1981, als sie noch Pioniereisenbahn hieß, war Armin Kühne mit der Kamera vor Ort. Frank Klimpel schickt uns ein Bild aus jüngerer Zeit. Vielen Dank für die Aufnahmen!

Kerstin Flachowsky
Ich glaube, jeder Leipziger ist damit schon mal gefahren.

Olaf Bohr
Da waren wir immer mit der Schulklasse.

Wolfgang Bendler
Mit der Bahn sind wir immer gern gefahren.

Steffi Schöbel
Da konnte man die Tiere noch richtig sehen.

Doris Müller
Klassenausflug in den Zoo war das Größte.

Thomas Bessiger
Man sollte nicht vergessen, dass die Tierhaltung damals oft Quälerei war, wenn ich etwa an das alte Raubtierhaus denke.

119 👍

▲ Ob sich die junge Frau an das Verbot gehalten hat? Oder ist da vielleicht doch ein Leckerbissen in ihrer Hand? Wir wissen es nicht. Vielen Dank an Günter Wächtler für diese Erinnerung an einen Zoobesuch 1959.

Sissi Silberstein
So eines hab ich auch noch vom Leipziger Zoo. Hab ganz mutig an die Ohrspitze des Löwen gefasst.

Marlies Seydler
Auch ich bin in den Genuss mit einem Löwenbaby gekommen. Schade, dass es das heute nicht mehr gibt.

38

▲ Erinnerungsfoto an einen Zoobesuch in den 50er-Jahren: Das Fototeam Barthold hielt fest, wie Eberhard Eichhorn hier seine Hand auf das Löwenjunge legen durfte.

Elke Fisser
Na, glücklich siehst du nicht aus. So ein Foto war einfach Muss und wurde danach stolz gezeigt.

8

◄ Silke Heinig: Als Vierjährige saß ich mit leicht skeptischem Blick auf dem Pony im Leipziger Zoo unweit der Bärenburg, als das Fototeam Barthold dieses Bild von mir machte. Später saßen auch meine beiden jüngeren Geschwister noch als stolze Reiter vor der Kamera.

Andrea Ebert
Heute ist das ein Lidl-Markt.

Matthias Binner
Der alte Eurospar, wo wir in der Pause immer Süßes geholt haben.

Andy Andy Fischer
Ich kann mich noch erinnern, dass auf dem Grünauer Baugelände Gärten standen.

▲ Dietlinde und Günter Bergmann gehörten zu den ersten Bewohnern von Grünau und begleiteten das Wachstums des neuen Viertels mit ihrer Kamera. Auf diesem Bild von 1981 stand schon die Kaufhalle an der Ecke Ratzelstraße/Wilhelm-Pieck-Allee (heute Stuttgarter Allee).

Neue Wohnungen vom Fließband: Leipzigs neue Stadtteile

Kein Bad in der Wohnung, das Klo auf halber Treppe, der Kachelofen spendet im Winter Wärme – wer heute in einem sanierten Leipziger Altbau aus der Gründerzeit lebt, kann schnell vergessen, wie beschwerlich das Leben in diesen Häusern noch vor wenigen Jahrzehnten einmal war. Hinzu kam: Besonders die großen Wohnungen hatte man nur selten für sich allein. Den Lebensraum teilte man zwangsweise mit den Mitbewohnern, die einem von den Behörden zugewiesen wurden. Eine »Kurzdokumentation zur Lösung der Wohnungsfrage in der Stadt Leipzig« von 1976 listet auf, dass damals durchschnittlich 1,13 Haushalte in einer Wohneinheit lebten. Jedem Einwohner standen etwa 22 Quadratmeter Wohnraum zur Verfügung – viel zu wenig.

Die Versorgung der Menschen mit modernem Wohnraum wurde für den Staat zum zentralen Problem, das er mit Bauen am Fließband löste. Anfang der 1960er-Jahre kamen in Leipzig zum ersten Mal vorgefertigte Elemente zum Einsatz, aus denen der spätere Wohnblock auf der Baustelle nur noch zusammengesetzt werden musste. Das Wohnungsbausystem 70 (WBS 70) wurde schließlich zur Grundlage für den massenhaften Bau neuer Wohnungen bis zum Ende der DDR. In Leipzig wuchsen neue Stadtteile aus Plattenbauten in die Luft. Einer der ersten davon war Lößnig. Im Westen der Stadt entstand mit Grünau ab 1976 das bis dato größte zusammenhängende Neubaugebiet im deutschsprachigen Raum. Paunsdorf folgte ab Mitte der 1980er-Jahre.

Bei den glücklichen Mietern einer Neubauwohnung mischte sich die anfängliche Freude über den neuen Komfort von Badezimmer, Küche und Loggia mit Verdruss über die Unwägbarkeiten vor der eigenen Haustür. Für die Bauwirtschaft hatte der Aufbau der Wohnblöcke oberste Priorität; Straßen, Gehwege und Grünflächen folgten irgendwann später. Noch heute berichten die ersten Grünauer, wie sie das Haus in Gummistiefeln verließen, um sich, ein zweites Paar Schuhe im Gepäck, ihren Weg zur Straßenbahn über matschige Pisten zu bahnen. So kamen die neuen Stadtviertel nicht selten zum Spitznamen »Schlammhausen«. Wer seine Kindheit dort verbrachte, erinnert sich an die Umgebung als riesigen Abenteuerspielplatz aus Erdhügeln und tiefen Pfützen.

Die Kehrseite des neuen Bausystems zeigte sich in den alten Vierteln Leipzigs. Dort standen für Erhalt oder Sanierung der Altbausubstanz immer weniger Mittel zur Verfügung. In Connewitz zum Beispiel verfielen ganze Straßenzüge.

78

▶ Eine Heißluftballonfahrt nutzte Udo Wellhausen für dieses Foto vom sanierten Rundling in Lößnig. Ende der 1920er-Jahre wurde die Siedlung im Stil der Neuen Sachlichkeit nach den Grundsätzen modernen Bauens entworfen. Hell und praktisch sollten Wohnungen damals sein.

Michael Kilger
Meine Großeltern und meine Mutter wohnten dort bis zur Bombardierung. In DDR-Zeiten blieb es eine Ruine. Welche Häuser das genau waren, weiß ich nicht mehr, lediglich, dass es die Außenseite eines Gebäudes betraf.

63

▲ Thomas Hoffmann schickt uns ein Luftbild von der Baustelle des Rundlings in Lößnig, aufgenommen 1930.

54

◂ Wohnungsneubau in Lößnig 1973 – vielen Dank, Frank Klimpel!

Alph Raue
Ich war damals 12 Jahre jung und musste mir mit meinen Großeltern öfter die Baufortschritte anschauen gehen, weil schon in dieser frühen Bauphase klar war, wohin meine Mutter zieht.

Lutz Maibaum
Das ist die SCHÜLI, das war die Gaststätte für die Schüler der damals drei Schulen. Dort waren auch kulturelle Veranstaltungen.

Kaa Jot
Herrlich! Wie oft war ich da zur Disko. Jetzt stehen dort Garagen.

38

▴ Peter Pätzold begleitete den Bau der Lößniger Siedlung mit seiner Kamera. Was entstand in diesem Rohbau?

Silke Wend
Disco in der SCHÜLI! Frau musste erst mal an den strengen Türstehern vorbei!

57

◄ Ein weiteres Foto der Familie Bergmann vom neuen Leipziger Westen: Hier ist das Zentrum Grünaus noch im Bau. Heute steht in dieser Gegend das Allee-Center.

Sanny Schelenz
Straße der Solidarität, Hochhaus, 13. Stock ... meine Jugendzeit ... Grünau.

Wolfgang Dölz
Straße der Solidarität, dort haben wir gewohnt, Erstbezug, es war wie im Paradies: Bad, warmes Wasser fließend und eine tolle Hausgemeinschaft.

Ute Richter
Breisgaustraße – das weckt Erinnerungen an die frühen Jahre der Leipziger Waldorfschule. Dort bekam die Schulgemeinschaft von 1993 bis zum Umzug in die Berthastraße 2000 eine ehemalige »Kinderkombination« zur Verfügung gestellt.

Ivo Franke
Der Bau neben dem 16-Geschosser müsste ja dann die Pieck-Allee sein und rechts darunter der Konsum. Und die ehemalige Sparkasse ist zu sehen: Das ist der dunkle Laden neben den ganz hellen Lichtern rechts in der Ladenstraße. Tolles Bild!

35

▲ Eberhard Sattler zog als einer der ersten Bewohner in die Grünauer Weißdornstraße im Wohnkomplex 3 ein. Von seinem Balkon aus fotografierte er regelmäßig, wie der neue Stadtteil in kürzester Zeit in die Höhe wuchs. Hier sehen wir die Lichter in den Blocks an der Breisgaustraße.

183

▶ Häuser ohne Straßen: Viele Leipziger, die in den 70ern oder 80ern eine Neubauwohnung in einer der eilig errichteten Großwohnsiedlungen bekamen, erzählen uns heute noch davon, wie sie die Häuser zunächst über schlammige Pisten verließen und wieder betraten. Von Eberhard Sattler bekamen wir dieses Bild aus der Nachbarschaft seines Hauses in der Weißdornstraße 12 (WK3). Vielen Dank!

Andreas Langos
Meine Tante hat dort lange gewohnt, damals Straße der Bauarbeiter, es gab noch keine richtigen Gehwege und alles war voller Schlamm, aber es war schön dort.

Jens Fiedler
Leute in der Straßenbahn mit Gummistiefeln in der Tasche kamen aus Grünau.

Kerstin Morgenstern
Das ist mein Wohnblock von früher und mein Elternhaus bis heute. Nach 37 Jahren sieht es dort anders aus. Früher war es die Straße der Bauarbeiter.

Frank Müller
Wir haben als Landschaftsgärtner damals allerhand zu tun gehabt. Die Lkw haben die Erde abgekippt und dann ging alles nur noch per Handarbeit und Schubkarren. Das Wasser für unseren Bauwagen, für Tee und zum Waschen, haben uns damals freundliche Grünauer aus ihren Wohnungen spendiert.

Renate Wiese
Es waren insgesamt 10000 Leute und noch etliche als Ersatz, falls jemand ausfällt. Es war ziemlich heiß.

Kirstin Este
Wie viele das genau waren, weiß ich leider nicht. Aber ich habe noch meine Tabelle von Platz 10 auf Reihe 50, Block B von 1983. Darauf steht, wann ich welches Fähnchen zeigen muss. Das war schon toll.

▲ 1987, das 8. und damit letzte Turn- und Sportfest der DDR: Udo Wellhausen fotografierte hier in Richtung Osttribüne. Weiß von euch jemand ungefähr, wie viele Menschen eigentlich Teil dieser großen Choreografien waren?

Körperkultur am Reck und am Ball: Leipzig und der Sport

Die Turn- und Sporthochburg Leipzig hat manche Grundlage der deutschen Sportgeschichte gelegt. Die Gründung des Deutschen Fußballbundes (DFB) 1900 in der Leipziger Gaststätte Mariengarten ist nur eine davon. Der Bau eines großen Stadions in der Stadt ließ dagegen eine Weile auf sich warten. Obwohl schon mehrfach zuvor geplant, verwirklichte erst die DDR das Zentralstadion, das 1956 eingeweiht wurde. Dafür war es dann eine Wettkampfstätte der Superlative. Den Damm schütteten Arbeiter und Tausende freiwillige Helfer aus 1,5 Millionen Kubikmetern Trümmerschutt auf. Aufgrund ihres enormen Fassungsvermögens erhielt die Arena den Spitznamen »Stadion der Hunderttausend«.

Das Stadion blieb nicht allein. Entlang der schon bestehenden Ruderregattastrecke an der Elster wuchs das Sportforum mit der Deutschen Hochschule für Körperkultur und dem Schwimmstadion. Letzteres ist vielen Leipzigern nicht nur wegen der dort ausgetragenen Wettkämpfe in bester Erinnerung geblieben. Manch einer lernte dort in zarten Kinderjahren den Kopf über Wasser zu halten und Bahnen zu ziehen.

Neben den Messen waren die Turn- und Sportfeste die zentralen Großereignisse im Leipziger Kalender. Viele vermieteten ihre Zimmer an anreisende Sportler und Gäste oder wirkten selbst an den Sportschauen mit. Die großen Choreografien mit den Bildern auf der Osttribüne gehörten zur wirksamen Propagandainszenierung der DDR.

Als zentrale Wettkampf- und Trainingsstätte brachte Leipzig viele Olympiasieger hervor und hatte auch einen aktiven Motorsport. Die Stadtpark- und Beschleunigungsrennen sind inzwischen Geschichte. Die ursprünglich Alfred-Rosch-Kampfbahn genannte Radrennarena hingegen gibt es bis heute. In jüngerer Zeit waren vor allem die Steherrennen Publikumsmagneten, 1960 fand hier sogar eine Bahn-Weltmeisterschaft statt.

Natürlich darf auch die spannungsreiche Historie des Leipziger Fußballs in der Sportgeschichte nicht fehlen: Legendär geblieben ist der Meistertitel, den der damalige Außenseiter BSG Chemie Leipzig 1963/64 eroberte. Lok Leipzig, 1966 neu gegründet, blieb langfristig allerdings die erfolgreichere Mannschaft. Das mit 4:0 gewonnene UEFA-Cup-Spiel gegen Girondins Bordeaux 1983 ist nur einer von vielen Höhepunkten im Gedächtnis der Stadt.

122 👍

▲ Christa Wilde schickt uns dieses Erinnerungsfoto an ihren Vater Hans Häsler, der hier um 1955 gemeinsam mit Tausenden anderen Freiwilligen beim Aufbau des Zentralstadions half.

80

▶ Der Schwiegervater von Sigrid Daul wirkte als Bauingenieur am Bau des Sportforums/Zentralstadions mit. Es dürfte sich um sehr seltene Farbfotos aus den 1950er-Jahren handeln. Vielen Dank dafür!

Edith Haferkorn
An dem Stadion hab ich als FDJler Aufbaustunden mitgemacht.

Thomas Albrecht
Klasse Bilder!

Jens Willnow
Herrliches Foto!

43 ▲ Vielen Dank an Ute Richter, die uns die Dias ihres Vaters einscannte. Gerhard Fischer hielt unter anderem den Bau dieser Menschenpyramide bei der Schau zur Eröffnung des Stadions 1956 fest.

Andreas Flurschuetz
Wieder ein schönes Bild vom Leipziger Zentralstadion. Ich freue mich jedes Mal.

55 👍

◄ Als Gerhard Fischer im August 1956 in das neue Stadion kommt, sind die Sitzreihen schon gut gefüllt. Gleich beginnt das II. Turn- und Sportfest.

Herbert Krug
Da passten noch 100000 Zuschauer in die Schüssel!

64 👍

► Das Sportforum wurde nach der Wiedervereinigung grundlegend umgebaut. Was ist eigentlich mit dem Wasserspiel geschehen, das wir auf dieser Postkarte oben links sehen? Vielen Dank an Gertraude Neubert, die uns diese Postkarte geschickt hat. (Fotograf ist Wolf, Leipzig. Verlag: Bild und Heimat).

Kerstin Aedtner
… das habe ich mich auch schon so oft gefragt .

Kerstin Boessert
Das ist doch beim Bau der Arena weggekommen.

74

▶ Lok Leipzig war unter den Fußballklubs der Stadt bis 1990 der erfolgreichste. Spielstätte ist auch heute immer noch das Bruno-Plache-Stadion – den Deutschen Fußball Verband gibt es allerdings nicht mehr. Vielen Dank an die Autoren der Chronik »50 Jahre 1. FC Lokomotive Leipzig« für die Bilder und an Udo Wellhausen für die Eintrittskarte.

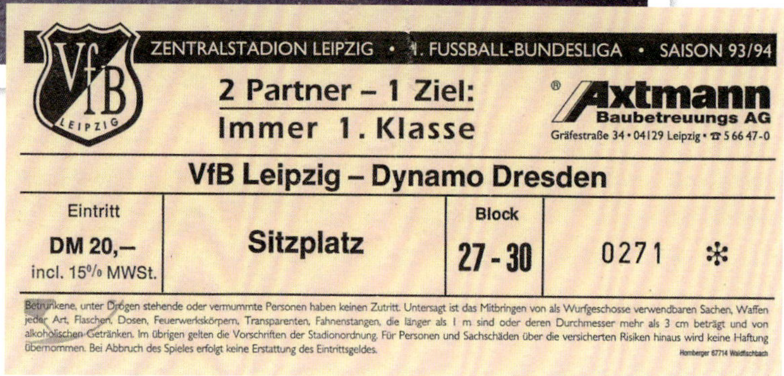

50

◄ 1963/64 war die BSG Chemie Leipzig der große Überraschungssieger in der DDR-Oberliga. Vielen Dank an den Kollegen Jens Fuge, von dem wir dieses Foto von Klaus Lisiewiccz im Spiel gegen Carl-Zeiss Jena bekamen!

► Udo Wellhausen war im Stadion, als das noch junge Team RB Leipzig am 29. April 2016 gegen Arminia Bielefeld antrat. Mit Schildern zeigen die Fans, dass sie hinter Willi Orban stehen (Rückennummer 4). Der musste zuvor Pfiffe aushalten. Nur eine Woche später gelang der Mannschaft der Aufstieg in die Bundesliga.

Thomas Rödel
Es war immer eine tolle Stimmung, wenn die Steherrennen liefen, mehr noch als bei Fußballspielen. Einmal ist ein Russe (hieß glaub ich Makarow oder so ähnlich) gestürzt, was sehr gefährlich aussah, konnte aber schnell wieder fahren. Bekannte Namen waren Egon Adler, einer hieß Stoltze!

Marlies Seydler
Auch ich habe mit meiner Familie sehr oft die Steherrennen besucht, damals noch mit Ronald Hempel. Dieses Jahr geht es wieder nach Heidenau, da ist auch eine schöne Bahn und immer Stimmung.

Steffen Mohring
Ich erinnere mich auch noch, habe selbst in den Jahren '67, '68 und '69 auf der Bahn Runden gedreht.

45 ▲ Günter Jentsch schickte uns dieses Foto von einem Rennen auf der Radrennbahn Kleinzschocher. Habt ihr dort mal einen solchen Wettkampf von den Rängen aus verfolgt?

36

◀ Gleich am Neuen Rathaus vorbei: »Läufergruppe beim X. Karl-Marx-Universität-Marathon 1986 beim Einbiegen von der Petersstraße in den Martin-Luther-Ring. Ich bin mit dieser Gruppe mitgelaufen und habe eine Zeit von 2:39:02 h erreicht«, schreibt Horst Teichert.

Marcus Krüger
Mit 2 Stunden und 39 Minuten war man 1986 beim Leipzig-Marathon eher in der Verfolgergruppe. Der Sieg ging damals an Uwe Koch, der 2 Stunden und 17 Minuten brauchte. War sein Marathondebüt.

12

▶ Am 18. Juli wurde die »Hallesche Perle« auf dem Wilhelm-Leuschner-Platz aufgebaut (Foto: Armin Kühne). Was genau war das eigentlich?

Thomas Albrecht
Es war eine Freiluftgaststätte, die während des Sportfestes die Sportfreunde mit Speisen und vor allem mit Getränken versorgte. Auf dem Parkplatz gegenüber der Kongresshalle war im gleichen Jahr die Thüringer Freiluftkneipe aufgebaut.
Richtige Thüringer Bratwürste und Apoldaer Glockenbier, daran kann ich mich ganz gut erinnern.

25 👍

▸ 1981 fotografierte Armin Kühne dieses Kart in Leipzig. Leider weiß er nicht mehr, ob damals regelmäßig Rennen in der Stadt gefahren wurden und falls ja, wo. Könnt ihr euch noch erinnern?

Heiko Freund
Ja, auf der Friedrichshafner Straße fand das einmal im Jahr statt. Da fuhren nicht nur Karts, sondern auch Autos und Motorräder. Das war sehr schön.

Lars Plotzki
In den 80er-Jahren gab es in der Theklaer Straße mindestens ein solches Rennen.

Erik Rudolph
»Beschleunigungsrennen« war die Bezeichnung. Es gab verschiedene Kategorien und mitmachen konnte jeder.

Uwe Winkler
Skurril, mit einer Simson S50 an einem Rennen teilzunehmen. Ich kann mich ganz dunkel erinnern, das war in der Friedrichshafner Straße.

Uta Förster
Na, dann nimm ein neues Moped und eine alte Simson, da wirst du dich umgucken. Mein Sohn wollte eine S51. Die ist elf Jahre älter als der Knabe, aber er fährt damit allen neuen Mofas davon.

50 👍

◂ Am 15. Mai 1982 war Armin Kühne beim Beschleunigungsrennen in Mockau dabei.

Jeannine Britz
Die Rennstrecke führte unter anderem über den Schleußiger Weg und tauchte dann rechts ins Gehölz ab. Mein Mann hat selbst die tollkühnen Rennen gesehen.

Jutta Langusch
Um den heutigen Clara-Zetkin-Park und die Pferderennbahn herum. Mein Mann war als Kind oft mit seinen Eltern dort. Auf dieser Strecke wurden Motorrad- und Autorennen ausgetragen.

52 ▲ Udo Wellhausen hat uns das Titelblatt des Programmheftes vom Stadtparkrennen »Rund um das Scheibenholz« im Mai 1951 geschickt, vielen Dank dafür! Wisst ihr vielleicht, wo genau die Rennen ausgetragen wurden?

Sanne Kacze Blaurock
Ja, von Stahl Riesa, Motor Suhl und Union Berlin.

35

▲ Beeindruckend viele Wimpel haben die Sportfreunde in der Gaststätte Neumann da gesammelt (Foto: Armin Kühne). Wir sehen Lok Leipzig, Chemie Leipzig, Dynamo Dresden, Hansa Rostock und sogar Celtic Glasgow. Findet ihr weitere?

Kay Bornmann
Zuletzt war ich im Sommer 1990 im Fitnessraum.

Daniela Ehmen
Das war wirklich eine schöne Zeit. Ich war in meiner Jugend fast täglich mit Freunden dort.

Ralf Jordan
Da habe ich von '87 bis '95 gearbeitet. War eine fantastische Zeit.

90 ▲ Im Bowlingtreff konnte man nicht nur Kugeln auf Bahnen entlang jagen. Es gab auch einen Fitnessraum – das zeigt diese große Postkarte, die uns Christel Nestler zur Verfügung stellte (Verlag: Bild und Heimat Reichenbach, herzlichen Dank!). Wann wart ihr zuletzt dort, bevor der Treff geschlossen wurde?

Matthias Binner
Ja, daran kann ich mich noch erinnern, jedoch war bei mir immer das Dach zu. Und die Lehrerin hatte sehr grenzwertige Methoden.

Ursula Abraham
Im Sommer 1958 habe ich in einem Schwimmlager dort meine »Schwimmkünste« gefestigt. Es war eine wunderbare Zeit und als Höhepunkt durften wir auf den Sprungturm am Sprungbecken.

Claus Peter Engler
Ich war im Rahmen der Sommerferien an einem Wettkampf beteiligt. Leider ohne Medaille. Aber der Tag ist unvergessen.

Ramona Pabst
Schade um das Stadion. Es konnte im Winter wie im Sommer genutzt werden. Haben dort schöne Wettkämpfe gehabt.

Jessica Seidel
Ich war da als Kind noch schwimmen. Laut Wikipedia ist es seit 2004 zu. Habe aber das Gefühl, dass es eher geschlossen wurde. Auf den Bildern von 2004 sieht es schon aus, als hätte es ein paar Jahre leer gestanden.

◀ ▶ Wer erinnert sich noch an das Schwimmstadion? Habt ihr dort auch Schwimmen gelernt? Vielen Dank für die Fotos an Alfred Richter, Udo Wellhausen, Ingrid Glatz und Marika Geißenhörner.

Wendy Leonhardt
Daran kann ich mich noch erinnern, ich war als Kind dabei. Das war das Trommeltreffen in Leipzig. Es gab davor und danach nie mehr so viele Zuschauer bei einem Eisbadertreffen in Leipzig. Und die Leipziger Pinguine trainieren immer noch am Kulki, jeden Samstag kann man ihnen zusehen!

53

▲ Tausende Schaulustige sehen zu, wie sich einige Mutige ins eiskalte Wasser des Kulkwitzer Sees stürzen: Armin Kühne war mit Kamera beim Eisbaden am 11. Februar 1989 dabei.

Sandstrand und Sandsack: Leipzig am Wasser

Leipzig liegt nicht am Meer. Und Weiße Elster, Pleiße und Parthe sind keine großen Ströme wie die Elbe. Normalerweise. Doch das Wasser kann durchaus zur bedrohlichen Naturgewalt werden. Im Juni 2013 ließ ergiebiger Dauerregen die kleinen Flüsse in Sachsen enorm anwachsen. Während Grimma einmal mehr in den Fluten versank, hatte Leipzig Glück. Am früheren Tagebau Zwenkau hatten Ingenieure und Arbeiter soeben ein neues Einlassbauwerk fertiggestellt. Der See nahm einen großen Teil des überschüssigen Wassers auf. Trotzdem standen hunderte Helfer in der Nacht am gewöhnlicherweise trockenen Elsterhochflutbett und sicherten den Deich mit Sandsäcken gegen die Wassermaßen.

Fast 60 Jahre zuvor ging eine ähnliche Situation für die Stadt weniger glimpflich aus. Nach acht Tagen Dauerregen überflutete die Elster im Juli 1954 das westliche Stadtzentrum und Teile des Leipziger Westens. Auf alten Fotos sehen wir Menschen mit Booten durch Straßen fahren. Brücken ragen nur noch knapp aus den Gewässern heraus. Die Leipziger Volkszeitung berichtete in der Rückschau auf das Ereignis vom unermüdlichen Einsatz freiwilliger Helfer am damals defekten Palmgartenwehr. Laut dem Bericht wurden 15 000 Menschen in Sicherheit gebracht.

Wenn aber nicht gerade Flutkatastrophe ist, pflegen die Leipziger ein freundschaftliches Verhältnis zum nassen Element. Die vielen Badeseen sind schon immer beliebtes Ziel eines Tagesausflugs im Sommer gewesen. Sind die ehemaligen Tagebaue Cospudener-, Markkleeberger- und Störmthaler See zwar noch jung, kann man am Sandstrand des Kulkwitzer Sees schon seit 1973 entspannen. Im Jahr davor wurde der Theklaer »Bagger« als Naturbad eröffnet. Und vor ihm sorgten schon Auen- und Elster-Stausee für die nötige Abkühlung im Sommer. Die beiden letztgenannten sind inzwischen abgelöst worden. Auf dem Auensee kann man noch Tretboot fahren, gebadet wird dort nicht mehr. Und der Stausee ist seit 2009 ausgetrocknet.

Zugleich wird die Rolle des Wassers wieder wichtiger. Seit der Sanierung des Karl-Heine-Kanals und der Freilegung vormals in den Untergrund verbannter innerstädtischer Flüsse nennt sich Leipzig wieder Wasserstadt. Seit Kurzem ist der Lindenauer Hafen erstmals in seiner Geschichte auf dem Wasserweg zugänglich und vielleicht gelingt eines Tages sogar die Fertigstellung des Saale-Elster-Kanals und damit der Anschluss der Stadt an die Weltmeere.

55

▲ An einem heißen Sommertag im August 1980 fuhr Harald Stein mit seiner Exa 1a und einem ORWO NP15 Schwarz-Weiß-Film an den Theklaer Bagger. Dort fotografierte er das Strandleben. Neulich hat er die Bilder eingescannt und zu einem Panorama zusammengesetzt. »Auf dem Bild kann man erahnen, wie voll es bei schönem Wetter am See gewesen ist«, schreibt er.

Karin Sowade
In der ersten und zweiten Klasse waren wir im Rahmen der Ferienspiele am Auensee und haben dort auch gebadet. So weit ich weiß, ging die Badezeit bis in die Siebzigerjahre. Das Gelände rundum und die Versorgung für die Badenden und Gäste war gesichert. Ein Erlebnis und preiswert waren auch die Fahrten mit der Pioniereisenbahn. Unvergessene Zeiten!

120 ▲▼ Auch im Leipziger Auensee wurde früher gebadet. Horst Drechsler hat für uns diese beiden alten Ansichtskarten aus seinem Archiv herausgesucht. Bis wann dauerte der Badespaß an dem See an?

Holger Dränert
Da konnte man auch rudern oder mit der MS Weltfrieden eine Runde drehen. Die Kinderfahrkarte gab es, glaube ich, für zehn Pfennig.

Claudia Hammerschmidt
Ich kann mich erinnern, auch in den 1970er-Jahren noch im Auensee gebadet zu haben.

105

Vom 10. bis zum 12. Juli 1954 war in Leipzig Land unter. Nach tagelangen Regenfällen traten Weiße Elster und Pleiße über ihre Ufer. Ein Defekt des Palmgartenwehrs führte zur Überflutung der westlichen Innenstadt, Teilen von Schleußig und Plagwitz. Frank Stahlmann hielt die dramatischen Ereignisse auf Fotos fest.

Thomas Rödel
Tolle Fotos. Ich hab die Flut miterlebt, war allerdings gerade erst zwei Jahre alt! :-D

Marlies Seydler
Ich habe sie auch miterlebt. Ich war damals fünf Jahre alt und mein Opa hat mich zum Palmgartenwehr mitgenommen.

Hochwasser in Leipzig

Renate Wiese
Auch in Markkleeberg standen der Wald, die Wiesen und eine Pelztierfarm unter Wasser.

60

▲ 2013 wurde Sachsen erneut von einer Jahrhundertflut getroffen. Leipzig entging nur knapp schweren Schäden – unter anderem Dank tausender Freiwilliger, die nachts den Deich am Elster-Hochflutbett in Großzschocher mit Sandsäcken sicherten. Vielen Dank an unseren Kollegen Frank Schmiedel, von dem wir diese Aufnahme vom Einsatz der Helfer bekamen. Wart ihr auch dabei?

▸ Ivonne Elsner: Eine Hand voll lieber Menschen, die danach wieder aufgeräumt haben!

◂ Sandsäcke liegen zur Sicherung des Deichs bereit.

VEB Konzert- und Gastspieldirektion Leipzig
RENFT
LpG 622/58/73

Von Bach bis Renft: Leipzig und Musik

Die Arbeit war zu viel und das Geld zu wenig: Der große Thomaskantor Johann Sebastian Bach hat unter seinem Arbeitgeber, dem Rat der Stadt Leipzig, gelitten und daraus auch keinen Hehl gemacht. Dennoch ist sein Werk wohl eine der wichtigsten Wurzeln für die legendäre Musikgeschichte Leipzigs. Sein Wiederentdecker Mendelssohn-Bartholdy, die Schumanns oder Schubert – viele berühmte Komponisten haben in der Stadt gelebt und gewirkt. Der gebürtige Leipziger Richard Wagner verließ seine Wiege nach ersten Erfolgen und gelangte auf seiner langen Wanderschaft durch Europa zu großem Ruhm. Die Leipziger widmeten ihm eine Straße im Zentrum, einen Platz und mit dem Richard-Wagner-Hain eine große Grünanlage. Den Thomanerchor, den Bach als Kantor leitete, gibt es bis heute. Neben den Prinzen und Amarcord sind viele weitere Gruppen und Musikerpersönlichkeiten aus ihm hervorgegangen.

Die DDR-Jahre waren von mancher Schwierigkeit geprägt: Das zweite Gewandhaus in der Beethovenstraße gegenüber der Universitätsbibliothek Albertina war im Krieg schwer beschädigt worden. Das berühmte Gewandhausorchester wich aus und spielte über Jahre hinweg in der Kongresshalle am Zoo. Mancher Konzertbesucher erinnert sich noch an widrige Bedingungen, die manchmal die Auftritte begleiteten. Kapellmeister Kurt Masur setzte sich schließlich als international berühmter Musiker erfolgreich für den Bau des dritten Gewandhauses ein. Am 8. November 1977 wurde auf dem Karl-Marx-Platz (heute wieder Augustusplatz) an der Stelle des früheren Bildermuseums der Grundstein für einen der damals modernsten Konzertsäle der Welt gelegt. 1981 feierten 100 000 Leipziger dessen Eröffnung.

Leipzig brillierte musikalisch aber nicht nur auf dem Gebiet der Hochkultur. Trotz Auftrittsverboten und Verfolgung durch die SED entwickelte sich die Stadt zu einem Zentrum der Beat-Musik. Nach einer Lockerung der staatlichen Einschränkungen wurde hier unter anderem die Klaus-Renft-Combo gegründet, bis heute ein Stern am Himmel des Ostrocks. Auch die Kabarett-Szene darf hier nicht unerwähnt bleiben. Academixer und Pfeffermühle etwa blicken inzwischen auf eine lange Geschichte zurück, die nicht nur aus gesprochenem Text, sondern eben auch musikalischen Stücken besteht.

91

▶ Erinnert sich noch jemand an das zweite Gewandhaus? Jens Langpeter hat ein Foto der Ruine aus den 1960ern geschickt. Wo spielte das Orchester damals eigentlich?

Uta Förster
Nachdem das Orchester 1944 und 1945 im Kino Capitol spielte, fanden von 1946 bis 1981 die Gewandhauskonzerte in der Kongresshalle am Zoo statt.

René Schmidt
Sehr schade, zumal es nur beschädigt war und in der Nachkriegszeit zunächst gesichert wurde.

Nancy Töpfer
Sieht viel besser aus als dieser hässliche Block am Augustusplatz.

60

▲ Bevor das dritte Gewandhaus am Karl-Marx-Platz (heute Augustusplatz) eingeweiht wurde, spielte das Gewandhausorchester häufig in der Kongresshalle am Zoo. Von Ute Richter bekamen wir dieses Foto von einem Konzert im Februar 1970 (Foto: Gewandhausarchiv/Heyphot).

96

◀ Von der Familie Bergmann stammt dieses Foto. Sie schreiben, es sei die Baustelle zum Gewandhaus, 1978.

Dieter Mertins
Ich bin immer wieder glücklich darüber, dass es solche Bilder gibt. Daran realisiert man, wie schnell doch die Zeit vergeht. Tja … ich war zwölf. Der Blick geht in den großen Saal, dorthin, wo sich die Orgel befindet.

67

▶ Erinnert ihr euch noch daran, wie das neue Gewandhaus gebaut wurde? Hier ein Foto von Udo Wellhausen mit dem nahezu fertiggestellten Bau im Hintergrund. Im Vordergrund läuft die Maidemonstration vorüber.

Ines Wolff
Hilfe, das Mädchen vorne in der Mitte sieht ja aus wie ich damals?!

72

▲ Die Thomaskirche in den 1970er-Jahren – vielen Dank an Bernd Heyne. Seit vielen hundert Jahren singt hier regelmäßig der Thomanerchor, den früher einmal Johann Sebastian Bach angeleitet hat.

42

▲ Die Thomaner gehören fraglos zu den wichtigsten kulturellen Leuchttürmen von Leipzig. Ute Richter fand im Nachlass ihres Vaters dieses Foto von Professor Erhard Mauersberger, der als 14. Thomaskantor nach Bach wirkte. Die Aufnahme stammt von 1969 oder 1970. Unter den Knabenstimmen: Georg-Christoph Biller, der bis 2015 Thomaskantor war.

Erwin Behm
Ja, er war auch mal bei einem Brauereifest von SachsenBräu.

Kerstin Aedtner
Etwa 1970/71 war er in der Kongresshalle. Ich war im Unterstufenchor für »Kommt, wir malen eine Sonne« dabei. :-D

18 👍

▲ Sind da Schlager-Fans unter euch? Wer war mal bei einem Konzert von Frank Schöbel? Armin Kühne hat ihn bei einem Auftritt 1987 auf der Parkbühne im Clara-Zetkin-Park fotografiert. Vielen Dank!

Matt Hahn
Die Boxen sind toll.

Andreas Flurschuetz
Ja, im Clara-Zetkin-Park, da war immer was los.

Messemann Uwe
Ja, zum Beispiel die Parkbühne in Eutritzsch.

49 ▲ Wer erinnert sich noch an die Konzerte auf dem Marktplatz? Bernd Heyne schickte dieses Bild vom Anfang der 1970er-Jahre und schreibt, dass es dort damals kaum Sitzplätze und Gastronomie gab. Deshalb mussten die Besucher stehen. Gab es früher noch andere Orte, an denen im Sommer Musik unter freiem Himmel gespielt wurde?

Marlies Seydler
Das nannte man bei uns damals »Lumpensammler«.

Peter Söffner
Die 1 am Westgleis, Richtung Konsument die 6, dann die 2 mit blauen Engelsdorf-Schildern, dann die 17, drüben am Schluss eine 2 oder 29, daneben vorn die 4, dahinter die 15.

Thomas Fröhner
Der Sammelanschluss, auch »Lumpensammler« genannt. Wenn ich es richtig sehe, zeigt die Uhr, dass es der 23:45 Uhr-Anschluss ist.

121 👍

▲ Treffpunkt der Nachtbahnen am Hauptbahnhof: Vielen Dank an Baldur Scheinert für dieses Dia, das im Mai 1967 aufgenommen wurde.

Als alle Welt noch Bimmel fuhr: Leipzig und die Straßenbahnen

Heute spricht wieder alle Welt darüber, dass der Elektromobilität die Zukunft gehört. In Leipzig ist das ein alter Hut. Es gab eine Zeit, in der mit Strom betriebene Oberleitungsbusse durch die Stadt fuhren. Bis vor wenigen Jahren war das Leipziger Straßenbahnnetz das zweitgrößte Deutschlands. Nur Berlin verfügte über längere oberirdische Gleisstrecken. Noch 1987 wurde jeder dritte Weg in der Stadt mit der Bahn zurückgelegt. Zum Vergleich: Mit dem Auto war es nur jeder fünfte.

Weitreichende Zukunftsideen hatten die Betreiber der Straßenbahn auch an anderer Stelle. Die ersten sogenannten Niederflurwagen fuhren im August 1926 durch Leipzig. Nur einen Schritt brauchte man, um durch den Einstieg in der Mitte der Wagen auf die Plattform zu gelangen. Bis in die 1960er waren sie in Leipzig unterwegs und manch einer erinnert sich noch daran, dass es damals einen Schaffner aber keine Türverriegelung gab. So kursieren abenteuerliche Geschichten vom Aufspringen während der Fahrt. Näherte sich der Kontrolleur, sprang man einfach in der nächsten Kurve wieder ab. Fahrpreise waren allerdings kein großes Problem, bis zum Ende der DDR kosteten die kleinen Schnipsel aus Pappe nur wenige Pfennige.

Ob mit den Tatra-Bahnen oder zuvor mit den legendären Gotha-Gelenkzügen – weil Autos in der DDR nur schwer und nach langer Zeit zu bekommen waren, fuhr alle Welt mit der Bimmel zur Arbeit. Logisch, dass man damals mehr Steh- als Sitzplätze fand und dass der Takt der Bahnen viel höher war. Am Wochenende ging es mit den Leipziger Verkehrsbetrieben zum Tagesausflug an einen der Seen oder man nahm einen »Gläsernen Leipziger« und machte eine Stadtrundfahrt. Durch die Fenster der Panoramabahn ließ sich Leipzigs Schönheit schon immer gut bestaunen.

Viele Linien sind heute Geschichte: Die 22 etwa von Thekla im Norden nach Dölitz im Süden, die nicht durch das Zentrum fuhr, sondern ihren Weg durch den Osten der Stadt nahm, wir sehen sie heute nur noch auf alten Fotos.

118

▶ Mit der Bahn zur Messe: Günter Schwanke fotografierte in den 1960ern den Eingang zum Ausstellungsgelände an der damals Lenin-/heute Prager Straße heißenden Magistrale.

Gerhard Smole
Das müsste ein sogenannter Niederflurwagen sein. Die konnten verdammt schnell sein.

Ingo Paul
Und abspringen konnte man … :-)

Peter Söffner
Die Zuschlagschilder zeigen, dass es die Linie 28 ist. Die Strecke wurde 1968 stillgelegt.

Lukas Zahn
Die Bimmel fährt noch durch die Schillerstraße am alten Uni-Gebäude vorbei, das ein Jahr später zerstört wurde.

50

▲ Im LVZ-Archiv fanden wir diese Ansichtskarte von 1967. Der Blick geht zum Karl-Marx-Platz, zur Hauptpost und zum Hotel »Deutschland«. Herausgeber war der Walter Werner KG Verlag Markkleeberg.

Dirk Fischer
Das Hahnemann-Denkmal ehrt den Arzt und Gelehrten Samuel Hahnemann (1755–1843), der einige Zeit in Leipzig gewirkt hat und der die Homöopathie gründete.

70

◀ Von Lothar Dienel bekamen wir das Dia, das den Richard-Wagner- bzw. Friedrich-Engels-Platz 1956 zeigt. Die Bahn kam gerade aus dem Brühl und fuhr in Richtung Kleinzschocher, schreibt er, »Linie 3 und 4 waren das damals«. Nicht mehr erinnern kann er sich daran, wen das Denkmal im Vordergrund zeigt. Wisst ihr es?

C.r. Rabinger
Weil man früher immer Nachttöpfe unter den Hocker von Hahnemann gestellt hat, wurde dann irgendwann der Freiraum verfüllt. Das muss Anfang des 20. Jahrhunderts gewesen sein.

87

▶ Eine der ersten neuen Bahnen nach dem Krieg hat Gerhard Fischer hier 1954 am Roßplatz auf Dia festgehalten. Kann sich von euch noch jemand an diesen Typ Bimmel erinnern oder hat ihn vielleicht im Museum in Möckern schon mal angesehen?

Roy Wallasch
LOWA-Triebwagen mit LOWA-Beiwagen, mit herrlich bequemen Polsterledersitzen.

Ute Nitsche
Ich hab die repariert im UTP in den LVB-Werkstätten Heiterblick.

Johannes Kolze
Auf der Linie A, die zuvor mit Omnibussen betrieben wurde, aber zur Umstellung auf Straßenbahnen vorgesehen war, verkehrten zunächst fünf O-busse.

Fan Thomas
Der einzige Unterschied, den man innen bemerkte, waren die Geräusche. An der Haltestelle war der Bus fast geräuschlos.

204

▲▶ In Leipzig fuhren Busse schon einmal mit Strom. Hier fotografierte Manfred Preiß 1972 wahrscheinlich einen Bus auf der Linie A (heutige Linie 60) Ecke Kurt-Eisner-/Karl-Liebknecht-Straße und an der an der Arthur-Hoffmann-Straße (unteres Foto).

Andreas Schubert
Als ich Kind war, fuhren die bis nach Markranstädt. Ich kann mich noch gut daran erinnern. Alle Nase lang fielen die Stromabnehmer runter und der Fahrer musste aussteigen, um sie wieder mit einer langen Stange an die Oberleitung zu bringen.

117

▶ Oberleitungsbus am Bahnhof Plagwitz (Foto: Manfred Preiß).

Lukas Zahn
Die Linien A (heutige 60) und AE hatten die meisten Fahrgäste und fuhren folglich mit Beiwagen, während auf den Linien B (nach Markranstädt) und C (nach Zwenkau) ein Solobus reichte.

Andreas Bänsch
Bis zum Bayrischen Platz bin ich damals auch im Anhänger mitgefahren. Einmal auch bis nach Markranstädt.

140

▲ Manfred Preiß fotografierte 1972 einen Oberleitungsbus am Bayrischen Platz. Waren die Fahrzeuge oft mit Anhänger unterwegs?

Nico Lawo
Die riesigen Laternen damals …

66

▲ Lange auf Leipzigs Schienen unterwegs: Einen Gotha-Gelenkzug fotografierte Günther Bergmann hier im Jahr 1979. Im Hintergrund das Uni-Hochhaus.

Andreas Riedel
Von Thekla nach Dölitz. Meine Lieblingslinie mit den Lieblingswagentypen 22C.

Sabine Slowik
Im Wesentlichen die Strecke, die jetzt Bus 70 fährt.

Fridtjof Tauche
Die 22 wurde unter Bimmelkutschern auch »Gießkanne« genannt. Kann sich jemand denken warum?

Rene Schuhmacher
Ich bin auch immer mit der 22 gefahren. Sie wurde »Gießkanne« genannt, weil sie an vielen Friedhöfen vorbeigefahren ist.

151

▲ Vielen Dank an Günther Sachse, der eine Linie 22 auf der Brücke an der Richard-Lehmann-Straße fotografierte. Von wo nach wo fuhr die 22 damals?

Jens Karkuschke
Heute hat sich die Rangfolge durch Netzzusammenlegungen im Rhein-Neckar-Raum erheblich verändert. Leipzig rangiert immer zwischen dem vierten und fünften Rang.

Leipzig-Album
Soweit wir wissen, ist das Dresdener Netz seit der Einstellung der Linie 9 zwischen Connewitz und Markkleeberg-West größer.

Dirq Ed
Wieso hatte? Leipzig hat immer noch das zweitgrößte Straßenbahnnetz nach Berlin.

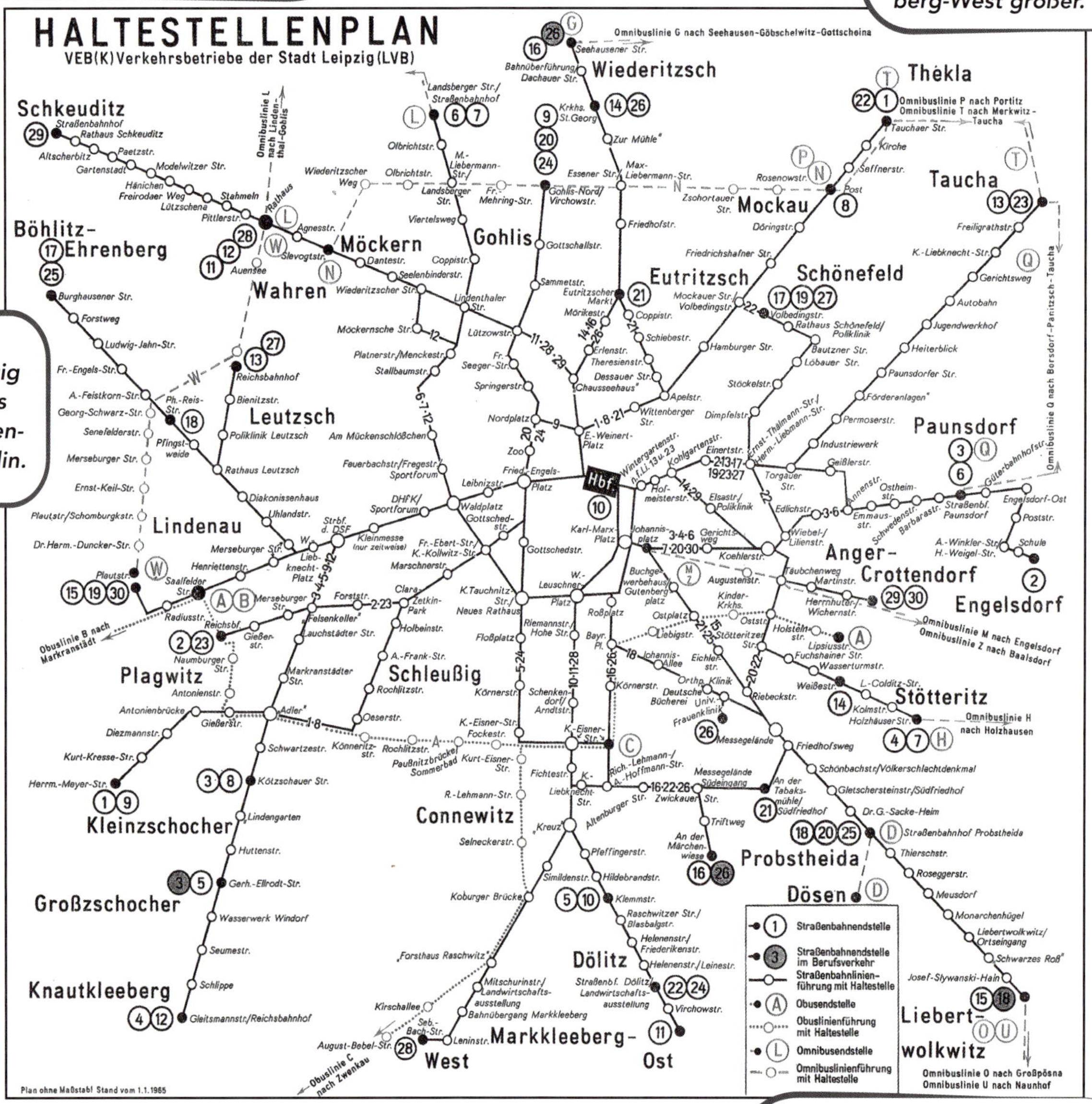

Dirq Ed
Nein, die ca. 4,6 km bringen Leipzig auf eine Netzgröße von 138,9 km, Dresden hat 134,3 km Streckenlänge.

107 👍

▲ Warum Leipzig einmal das zweitgrößte Straßenbahnnetz in Deutschland hatte, wird besser sichtbar, wenn man den Netzplan von 1965 anschaut. Mit den Linien 1 bis 30 erreichte es seine damals seine größte Ausdehnung. Vielen Dank an Jens Karkuschke vom Verein Historische Nahverkehrsmittel Leipzig.

89

◀ Sean Plunkett kam als australischer Rucksackreisender Anfang der 1990er-Jahre nach Leipzig und blieb viele Jahre in der Stadt. Wie es damals aussah, hat er auf vielen Bildern festgehalten. Dieses zeigt die Erich-Ferl-Straße 1990 (heute Wurzner Straße) an der Ecke Hermann-Liebmann-Straße.

Heiko Hertzsch
Da fuhr die 13 bestimmt Umleitung. Normalerweise fuhr sie über die Ernst-Thälmann-Straße (die heute wieder Eisenbahnstraße heißt).

▶ So sieht es heute an der gleichen Stelle aus (Foto: Armin Kühne).

Peter Zwenkau
Ja der Gläserne Leipziger hat schon eine lange Tradition.

Margarete Golsteijn
Ja, da bin ich mitgefahren.

133

▲▶ Fuhr man unter der Woche mit der Bimmel zur Arbeit, konnte und kann man sie noch am Wochenende zum Vergnügen nutzen: Seid ihr schon mal mit dem Gläsernen Leipziger gefahren? Vielen Dank an Jens Karkuschke und Manfred Preiß.

Thomas Thieme
Oh, das sind Erinnerungen.

113 👍

▸ 1972 wurde die Leipziger Straßenbahn einhundert Jahre alt. Zum Jubiläum fuhren Pferdebahnen am Brühl. Vielen Dank an Manfred Preiß!

Lukas Zahn
Die Bahn pendelte damals zwischen Kaufhaus Brühl und der Nikolaistraße, das waren die Endpunkte. Da diese Trasse ansonsten keinen Linienverkehr mehr aufwies, konnte dort die Pferdebahn langzuckeln. Die Pferde hatten in dieser Zeit übrigens einen alten Niederflurbeiwagen in der Richard-Wagner-Straße stehen, den sie als Stall benutzten.

Dieter Herrmann
Klar, am Sachsenplatz. Auf der rechten Ecke im Bild steht das Romanushaus.

95 👍

◂ Im runden Geburtstagsjahr waren die Pferdebahnen zu zwei Gelegenheiten auf dem Brühl im Einsatz, im Mai und im September zur Herbstmesse. Udo Wellhausen hat uns eine weitere Aufnahme zur Verfügung gestellt. Vielen Dank! Erkennt ihr, wo genau das ist?

Woelbing Uwe
Das war einmal. Sag mir, wo die Demos sind! Wo sind sie geblieben?

▲ Im Winter 1989/90 fotografierte Udo Wellhausen dieses Ortsschild an der S38 (Prager Straße) am Eingang zu Leipzig. Jemand hatte in Anlehnung an Christoph Heins' Vorschlag, Leipzig den Ehrentitel »Heldenstadt der DDR« zu verleihen, diesen Aufkleber dort hinterlassen.

Aufbruch in eine neue Zeit: Friedliche Revolution und Wandel in Leipzig

Am 9. Oktober 1989 ist die Stimmung in Leipzig angespannt wie seit Jahrzehnten nicht mehr. Immer mehr Bürger haben sich in den vergangenen Monaten Demonstrationen angeschlossen. Sie verlangen einen Wandel in der DDR, wollen offen über die Zukunft des Landes reden können. Zur gleichen Zeit fliehen Tausende über Ungarn oder Prag in den Westen.

An diesem Montagnachmittag haben gleich mehrere Kirchen zu Friedensgebeten eingeladen. Die Nikolaikirche, einer der Mittelpunkte der Leipziger Opposition, ist überfüllt – auch weil die SED-Regierung treue Anhänger geschickt hat, um Plätze zu besetzen. Kurz nach dem 40. Geburtstag der Republik besteht unter den Kritikern des Regimes die ernsthafte Sorge, heute könnte der Staat die Demonstration gewaltsam niederschlagen. Gerüchte machen in der Stadt die Runde, dass die Ärzte in den Krankenhäusern in Alarmbereitschaft versetzt und zusätzliche Blutkonserven geliefert wurden.

Doch die Menschen lassen sich davon nicht abschrecken. Am Ende ziehen 70 000 über den Innenstadtring, skandieren »Wir sind das Volk« und »Keine Gewalt«. Über den Stadtfunk, die öffentlichen Lautsprecher, die es damals noch gibt, verliest Gewandhauskapellmeister Kurt Masur den Appell zu Besonnenheit und friedlichem Dialog, an dem auch der Theologe Peter Zimmermann, der Kabarettist Bernd-Lutz Lange sowie drei Sekretäre der SED-Bezirksleitung mitgearbeitet haben. Das Wunder geschieht: Kein Schuss fällt. Friedlich hat die Opposition gegen das Regime gesiegt. Einen Monat später fällt die Mauer.

Die Zeit danach verbringen die Leipziger in mancher Warteschlange: Für einen Stempel im Pass, für Reiseunterlagen, für das Begrüßungsgeld und – als am 1. Juli 1990 die Währungsunion in Kraft tritt – für die D-Mark. Nun beginnt die wechselvolle Zeit nach der Wiedervereinigung, der Beginn großer Freiheit auf der einen, aber auch die schmerzvolle Erfahrung, Arbeitsplatz und Betrieb zu verlieren, auf der anderen Seite.

Der radikale Umbruch macht sich in den 1990er-Jahren auch im Stadtbild bemerkbar. Stellte sich zuletzt die Frage, ob Leipzig angesichts zahlloser verfallener Wohnhäuser und Baudenkmäler noch zu retten war, begann nun eine große Sanierungs- und Neubauwelle. Einige Orte haben sich dabei so sehr verändert, dass sie heute auf alten Fotos kaum wiedererkannt werden.

90

▸ Drei Tage vor dem Fall der Mauer, am 6. November 1989, nahm Udo Wellhausen dieses Foto einer Montagsdemo am Friedrich-Engels-Platz auf.

Heiko Schaaf
Das war eine unbeschreibliche Zeit, voller Emotionen.

Jens Willnow
Ich hatte richtig Gänsehaut. Mich beeindruckt das ganze noch heute!

Holger Wagner
Damals gab es nur einen Gegner. Diesen »Staat« DDR. Und gefühlte 75 Prozent des Volkes waren gegen ihn.

Denis Hoffmann
Bei uns gab es Demobratwurst.

Ute Nitsche
Am 1. Mai immer! :-)

42

▴ Demonstrieren macht hungrig. Habt ihr damals auch mal eine »Demowurst« gekauft? (Foto: Armin Kühne)

Biggi Steg
Ich habe tiefe Erinnerungen an die ersten Demonstrationen. Das waren krasse Erlebnisse, eine so außergewöhnliche Zeit!

Angela Pötzsch
Ich war dabei.

32

◀ Udo Wellhausen hielt die Demonstration des Neuen Forums am 18. November 1989 vor dem heutigen Bundesverwaltungsgericht auf einem Foto fest. Seid ihr damals auch auf die Straße gegangen, um etwas zu verändern?

Hans-Jörg Kunth
So kann es nicht weitergehen, könnte man heute auch noch sagen!

69

▶ Im Dezember 1989 fotografierte Udo Wellhausen die Menschenkette in der Straße der Deutsch-Sowjetischen-Freundschaft und notierte zum Motto: »Für Erneuerung und Demokratisierung unserer Gesellschaft – Ein Licht für unser Land«.

Manfred Dinter
Man kann den Dreck in der Luft richtig sehen.

Matthias Paul Kuhn
Stimmt, es gab die Straße der DSF. War das die Dresdner Straße?

Ute Richter
Die Dresdner Straße hieß zu DDR-Zeiten Straße der Befreiung; die Straße der DSF ist die heutige Delitzscher Straße.

Sven Marten
Dort hab ich 1984 meinen Perso beantragt. Der ABV war auch dort.

34

◄ Armin Kühne fotografierte diese Leipziger, die am 14. November 1989 in der August-Bebel-Straße für Reiseunterlagen anstanden. Worum ging es damals und welche Behörde befand sich in der Straße?

Achtundsechzig Er
Im Erdgeschoss war die Pass- und Meldestelle. Hab dort meinen Kinderausweis fürs Reisen ins Ausland bekommen, später auch meinen Personalausweis.

63

► Lange Schlange vor dem Volkspolizeikreisamt in der Dimitroffstraße: Günter Wächtler hielt den Moment fest, als im November 1989 viele Leipziger einen Stempel im Pass brauchten.

Katrin Dosche
Mein ehemaliger Konsum ... Mein »Block«. ;D

161

▶ Am 1. Juli 1990 kam die D-Mark. Hier, an der Sparkasse Wilhelm-Pieck-Allee (Stuttgarter Allee) in Grünau warteten die Menschen schon um 7:59 Uhr in einer langen Schlange auf das neue Geld, wie das Foto von Dietlinde und Günter Bergmann zeigt.

Mandy Ritscher
Da ging es noch, dass man in einer anständigen Schlange anstand. Heutzutage bekommen das die Leute nicht mehr hin.

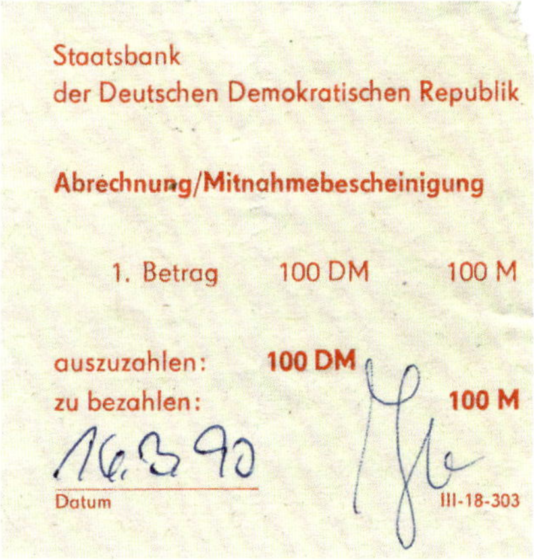
Staatsbank
der Deutschen Demokratischen Republik

Abrechnung/Mitnahmebescheinigung

1. Betrag 100 DM 100 M

auszuzahlen: **100 DM**
zu bezahlen: **100 M**

16.3.90
Datum
III-18-303

Kerstin Aedtner
... ein Besonderes – ich habe an einer Nebenzahlstelle ausgezahlt.

95

▲ Udo Wellhausen hielt fest, wie die Leute im Juli 1990 anstanden, um Ost- in D-Mark umzutauschen. Was war das für ein Gefühl damals?

Sanny Schelenz
Krass …

Lukas Zahn
Ja, es ist Wahnsinn, wie sich Leipzig in dieser Zeit veränderte.

60 👍

◄ ▼ Seit der Wiedervereinigung hat sich Leipzig an manchen Orten rasch verändert: Die Kreuzung Prager-/Riebeckstraße etwa sah 1992 noch vollkommen anders aus als heute, wie das Foto von Günter Wächtler zeigt. Inzwischen ist die Prager Straße ein breiter Verkehrsweg. Im neuen Technischen Rathaus auf der linken Seite sitzt jetzt ein Großteil der Leipziger Stadtverwaltung. Armin Kühne hat sich dort heute für uns umgesehen und den Fotovergleich angefertigt.

Uta Förster
Gestern standen wir vor der Thonbergklinik. Habe meinem Begleiter dieses Bild hier gezeigt. Als Nicht-Leipziger glaubt er mir nicht, dass wir genau da waren. :-D

71

▲ Dichtes Treiben vor dem Leipziger Hauptbahnhof während der Herbstmesse 1961 – danke an Baldur Scheinert für dieses Dia. Die Eisenbahn war lange Zeit das wichtigste Transportmittel für die Stadt, der Hauptbahnhof ist der flächenmäßig größte Kopfbahnhof Europas.

Auf der Schiene in die Welt: Leipzig und die Eisenbahn

Der Elster-Saale-Kanal ist bis heute unvollendet geblieben. Warentransport auf dem Wasser spielte für Leipzig daher nie eine Rolle. Diese Aufgabe übernahmen die Eisenbahnen. Auf Initiative des Wirtschaftspolitikers und Nationalökonomen Friedrich List wurde zwischen Leipzig und Dresden 1839 die erste Fernverkehrsverbindung in Deutschland eröffnet. Seitdem wuchs das Schienennetz in der Messestadt dynamisch. Konkurrierende Privatbahngesellschaften errichteten eigene Gleise und Bahnhöfe, schufen mit dem Magdeburger, dem Thüringer und dem Dresdner Bahnhofs eigene Stationen in unmittelbarer Nachbarschaft. Erst mit der Vereinheitlichung der Eisenbahnen wurde der Bau eines zentralen Leipziger Hauptbahnhofs möglich, der schließlich 1915 seinen Betrieb aufnahm.

An der großen Bedeutung der Eisenbahn änderte sich für die Stadt bis 1989 wenig. In der DDR wurden rund 72 Prozent des Güter- und 42 Prozent des Personenverkehrs über die Schiene abgewickelt, wie der Verein Pro Leipzig in seinem Buch »Eisenbahnzentrum Leipzig« aufführt. Seit 1969 verfügt die Stadt über ein eigenes S-Bahn-System. Auf alten Fotos sieht man noch die blau-gelben Waggons auf ihrem Weg durch die Stadt, etwa nach Grünau zur Station Miltitzer Allee, die 1984 eröffnet wurde.

Nach der Wende wanderte ein Großteil des Verkehrs auf die Straßen ab, zahlreiche Verbindungen wurden stillgelegt. Vorortzüge für Pendler, wie der von Plagwitz nach Pörsten, verschwanden. Heute gibt es den von seinen Passagieren scherzhaft »Lütze-Lausen-London«-Express genannten Zug nur noch in der Erinnerung.

Wie kaum ein anderes Bauvorhaben bewegte die Leipziger der Umbau des Hauptbahnhofs von 1995 bis 97 zu einem modernen Einkaufs- und Dienstleistungszentrum. Unter der 130 Meter langen Querbahnsteighalle entstanden auf zwei Geschossen neue Ladenflächen. Der öffentliche Protest gegen den Einbau eines Parkhauses mündete schließlich in einem Kompromiss, weshalb es nun ein Parkdeck und ein Museumsgleis zur optischen Trennung gibt. Mit der Fertigstellung des Citytunnels im Dezember 2013 bekam Leipzig ein rundum erneuertes S-Bahn-System, das sich seitdem bei den Fahrgästen wachsender Beliebtheit erfreut.

Kerstin Aedtner
Oh ja, das war Stress. Im Januar 1996 fuhr ich mit Kind und schweren Koffern zur vierwöchigen Kur in den Schwarzwald. Es gab aber Service-Personal, das das Gepäck über die unwegsamen Zugänge getragen hat.

Uta Förster
Zu der Zeit bin ich hin und wieder mal am Bahnhof gewesen, um ungläubig in die Baugrube zu gucken. Man konnte sich absolut nicht vorstellen, was das mal werden sollte.

518

▲▶ Als der Hauptbahnhof zur großen Baustelle wurde: Günter Obermeier hielt mit seinem Fotoapparat fest, als im von der Grundfläche des Gebäudes her größten Kopfbahnhof Europas das Einkaufscenter entstand. Wo seid ihr zu dieser Zeit eigentlich in eure Züge gestiegen?

Luigi Pohler-Wustmann
Schade nur, dass der größte Kopfbahnhof Europas dadurch seinen Titel verloren hat, weil unbedingt ein Parkhaus auf die Gleise gebaut werden musste.

Christof Loos
Wahnsinn, wie es heute und früher aussah.

Yvonne Schlicht
Es war schon aufregend.

Dirk Wallinger
Ich war beim Umbau dabei. Mein Vater hatte einen Riesenauftrag für den Bahnhof. Es war gigantisch, sich das alles anzuschauen, besonders die riesigen Tunnel und Quertunnel unterhalb der Gleisanlagen, zu denen sonst keiner Zutritt hat. Auch die versteckte Brücke in der Osthalle. Da gibt es links und rechts ein Treppenhaus, das zu der besagten Verbindungsbrücke führt! Ich glaube, ich habe damals fast mehr erkundet als gearbeitet.

81

▲ Sybille Kaiserin schickte uns diese Vorher-Nachher-Kombination vom Umbau des Leipziger Hauptbahnhofs 1997 und der Eröffnung danach.

Torsten Schubert
Der LLL-Zug! Lützen, Lausen, Leipzig!

Ronny Müller
Lützen-Lausen-London!

210

◂ Claus Rödel fotografierte einen der letzten Züge auf dem Bahndamm am Lausner Weg, der von Plagwitz nach Pörsten fuhr.

64

▸ Die alte S-Bahn auf dem Weg in Richtung Miltitzer Allee hat Claus Rödel hier am Plagwitzer Rangierbahnhof aufgenommen.

Andreas Funke
Endlich mal ein Foto mit der Original-S-Bahn. Toll!

50

◀ Zu DDR-Zeiten war auf dem Plagwitzer Rangierbahnhof noch viel Betrieb, wie dieses Foto von Claus Rödel zeigt.

Leipzig auf Bildern
Auf dem Bild ist tolle Eisenbahn-Romantik zu sehen.

84

▶ Als der Bayrische Bahnhof noch ein wichtiger Umschlagplatz war: Blick von der Tarostraße in Richtung Südvorstadt (Foto: Günther Sachse).

Sascha Beier
Links im Bild ist der alte Schlachthof, heute Sitz des MDR. Das kleine Gebäude rechts neben der blauen Halle steht noch und ist der Kindergarten an der Media City.

Doris Hartig
Für mich als Leipziger Kind war es schon fast Tradition, jährlich da rauf zu gehen. Es war immer wieder sehr schön.

Andreas Flurschuetz
War ein mühevoller Aufstieg, aber bei guter Sicht hat sich das gelohnt.

Michael Fritzsche
Ja, so sah es früher aus. So lange ich denken kann, war das Völkerschlachtdenkmal immer schwarz.

▲ Frank Klimpel schickte uns diese Kindheitserinnerung: Ein Ausflug zum Völkerschlachtdenkmal in den 1960ern. Erinnert ihr euch noch an eure Besuche beim Völki vor dessen Sanierung?

Wahrzeichen, Ausguck und Treffpunkt: Das Völkertschlachtdenkmal

Leipzig ohne Völkerschlachtdenkmal scheint heute undenkbar. Das von den Leipzigern liebevoll »Völki« genannte Monument ist ein Pflichtausflugsziel. Kommen Gäste zu Besuch, erklimmt man mit ihnen gemeinsam die rund 500 Stufen hinauf bis zur Aussichtsplattform. Oben angekommen lässt sich weit über die Dächer der Stadt blicken, auf die Hochhäuser, Kirchtürme, die Alte Messe und die neuen Seen im Süden.

Nach der Schlacht 1813 war das Interesse der Stadt an einem Denkmal für die Ereignisse zunächst nicht sonderlich ausgeprägt. Als Teil Sachsens stand Leipzig auf der Seite von Napoleon Bonaparte und wurde zusammen mit französischen Truppen vernichtend geschlagen. Erst Ende des 19. Jahrhunderts wurde unter Federführung des Deutschen Patriotenbundes ernsthaft mit Planung des Denkmals begonnen. Dessen Vorsitzender, Clemens Thieme, beauftragte schließlich den Berliner Architekten Bruno Schmitz mit dem Entwurf. Am 18. Oktober 1913, genau 100 Jahre nach der Schlacht, feierte die Stadt die Einweihung des 91 Meter hohen Bauwerks, neben dem sächsischen König waren viele Deutsche Fürsten, unter ihnen auch Kaiser Wilhelm der II., anwesend.

Spätestens zum 150-jährigen Jubiläum der Völkerschlacht 1983 wurde das Denkmal zu einem der Treffpunkte von Interessengemeinschaften und Vereinen, die sich der militärischen Traditionspflege verschrieben. Schon in den 1970er-Jahren hatten sich begeisterte Hobby-Schneiderinnen und Schneider im Ausland aber auch in der DDR daran gemacht, in liebevoller Heimarbeit die Gewänder der beteiligten Konfliktparteien nachzunähen. Nun traten sie zusammen, um historische Szenen nachzustellen. Weil dafür auch viele Gruppen aus dem westlichen Ausland nach Leipzig anreisten, wurde das Treffen argwöhnisch von der Staatssicherheit beobachtet. Auch fünf Jahre später wachten die Spione misstrauisch über die Zusammenkunft und die Kontakte der Einheimischen mit den Angereisten.

Seit der Wiedervereinigung können die Treffen der Vereine unbehelligt stattfinden. Und auch das Denkmal erfuhr eine umfassende Erneuerung. Durch das Engagement vieler Leipziger und des Fördervereins wurden private Spenden und öffentliche Mittel aufgebracht, mit denen das Völki inzwischen fast vollständig saniert wurde. Dadurch können Besucher unter anderem den Fahrstuhl zur mittleren Aussichtsplattform nehmen.

Christoph Kurth
Erinnert mich auch an meine Kindheit, da war ich immer mit meinen Opa.

Angela Heinicke
Jeden Donnerstag mit meinem Bruder bei Herrn Rothe einen Kasten rote Brauselimo für acht Mark gekauft. Mit dem Handwagen sind wir vorgefahren. Stammkunden.

Jens Kramer
Erst Eis, dann am Denkmal rumklettern. Schöne Kindheit, wo bist du hin?

Hans-Jörg Kunth
Der beste Kiosk aller Zeiten!

216

▲ Heute gibt es den Kiosk am Völkerschlachtdenkmal nicht mehr (Foto: Armin Kühne). Wer erinnert sich noch daran?

33 👍

▶ Im Oktober 1988 wurde rund um das Denkmal in historischen Uniformen der Völkerschlacht gedacht. Uwe Schlegel war mit seiner Kamera dabei und schreibt: »Das Foto zeigt die Darsteller der Heerführer der Verbündeten, so den Kaiser von Österreich, König von Preußen, General Blücher und den Russischen Zaren. Am beeindruckendsten finde ich aber die Frauen mit Beuteln hinter den Heerführern. Zu jener Zeit gab es immer mal etwas besonderes zu kaufen, wenn wo was los war. Ein Ostdeutscher musste immer bereit sein und durfte die Hoffnung nie verlieren.«

Heiko Em
Der sogenannte »Falls-Beutel« – Falls es mal was Besonderes gibt. ;-)

28 👍

◀ Uwe Schlegel fotografierte diesen Herren, der wohl nach der Parade etwas Ruhe benötigte.

Die Deutsche Nationalbibliothek verzeichnet diese Publikation in der Deutschen Nationalbibliografie; detaillierte bibliografische Daten sind im Internet über http://dnb.ddb.de abrufbar.

Lagerstraße 7, 18055 Rostock
www.hinstorff.de

1. Auflage 2016
Herstellung: Hinstorff Verlag GmbH
Lektorat: Henry Gidom
Titelgestaltung und Layout: Beatrix Dedek
Druck: Druckerei Weidner GmbH
Printed in Germany
ISBN 978-3-356-02046-5

Bildnachweis

Coverfotos: Archiv der Gesellschaft zur Bewahrung von Stätten deutscher Luftfahrtgeschichte (o. m., Concorde); Udo Wellhausen (r. o. Zentralstadion); Bernd Heyne (l. o., Marktstand); Armin Kühne (u. l. Messe); Horst Liebing (r. m., Paulinerkirche); Günter Obermeier (u. r., Hauptbahnhof); Ute Richter (m., Altes Rathaus); Günther Sachse (l. m., Uniriese).

Rücktitel: Frank Klimpel

Im Buch: Bild und Heimat, Berlin: S. 26, 34, 95; Steffen Hoffmann: S. 107; Armin Kühne: S. 144; Günter Sachse: S. 1, 2; Uwe Schlegel: S. 4.

Das Team des Leipzig-Albums war bestrebt, sämtliche Bildrechte zu ermitteln und korrekt auszuweisen. Sollten im Einzelfall dennoch urheberrechtliche Fragen offen geblieben sein, bitten wir freundlich um Kontaktaufnahme.

Ein großes Dankeschön an alle, die durch ihre Einsendungen und Kommentare dieses Buch ermöglicht haben.